Crime and Punishment
현대 범죄와 형벌

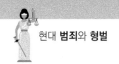

Preface

우리는 매일 매일 뉴스나 신문에서 '몰카 범죄 급증' '음주운전 사망사고' '폭행치상' 등과 같은 사건들을 접합니다. 아마도 이러한 사건을 전해 듣는 여러분은 "아! 범죄가 발생했구나." 정도만 생각하게 될 것입니다. 조금 더 생각하는 사람이라면 "범인은 이제 교도소에 가겠구나."라고 생각할 것입니다. 그런데 이런 사건들의 후속 보도들을 통해서 '피의자 A씨 불구속 입건' '구속영장실질심사' '사무실 압수수색' '피고인 B씨 국민참여재판 신청' 등과 같은 용어를 듣게 됩니다. 물론 법학지식을 가지고 있는 사람이라면 범죄나 형벌의 용어나 형사절차를 잘 이해할 수 있을 것입니다. 그렇지만 대부분은 범죄와 형벌이나 형사절차에 대한 교육을 받은 경험이 없고 지식도 없습니다.

다른 사람의 사건에 대해서는 별다른 지식이 없더라도 큰 문제가 없습니다. 그렇지만 범죄와 형벌은 나와는 상관없는 남의 일이기만 할까요. 보통 사람들은 범죄는 자신과는 무관한 일이라고 생각하면서 삽니다. 물론 일생을 살면서 범죄의 가해자도 피해자도 되지 않으면 좋겠지요. 그렇지만 나와 우리 가족, 우리 지인들의 삶은 우리가 원하는 대로만 흘러가지는 않습니다. 어느 순간 범죄의 가해자가 되기도 하고, 범죄의 피해자도 됩니다. 가해자나 피해자의 가족이 될 수도 있습니다. 이 과정에서 경찰이나 검찰로부터 '입건' '기소유예' '피의자신문조서' 등과 같은 말을 듣더라도 이러한 용어조차 잘 모른다면 법률적으로 대처하기 어려운 상황에 처하게 됩니다. 누구든지 가해자(범인)가 되었을 때에도 피해자가 되었을 때에도 범죄, 형벌, 형사절차 등에 대한 최소한의 지식은 필요할 것입니다. 뿐만 아니라 우리 사회에서 일어나는 사건, 사고들을 알고 이해하는 데에도 범죄와 형벌과 관련된 지식은 필요합니다.

저자들은 10여 년 전부터 대학교에서 현대 범죄와 형벌이라는 강의를 하고 있습니다. 기본적으로 범죄와 형벌은 죄형법정주의 원칙에 따라 법을 전제로 합니다. 그런데 법을 전제로 한 강의이라고 생각하면 대부분의 사람들은 매우 어려운 강의라고 거부감을 갖곤 합니다. 그래서 저자들은 강의를 하고, 책을 펴내면서 다음과 같은 몇 가지 점을 고려하였습니다.

첫째, 범죄와 형벌 그리고 형사절차와 관련된 어려운 법학 용어를 쉽게 설명하고자 노력하였습니다. 각종 범죄나 형사절차들을 설명할 때, 범죄의 구성요소 등을 단순히 설명하는데 그치지 않았습니다. 해당 범죄와 형사절차들과 관련된 사건을 함께 소개함으로써 범죄 등에 대한 이해도를 높이기 위해 노력하였습니다. 특히 관련 사건은 기존 형법 교과서에 소개되는 판례보다는 최근에 언론에서 보도되어 수강생들도 접해본 적이 있는 사건들을 소재로 설명하였습니다. 책의 각주에는 함께 보면 도움이 될 신문기사를 소개해 두었습니다.

둘째, 일상생활에서 자주 접하는 범죄를 소개하고자 하였습니다. 범죄 중 가장 상징적인 살인, 상해, 폭행 뿐만 아니라 이른바 '몰카(성폭력범죄의 처벌 등에 관한 특례법상 카메라 등을 이용한 촬영)' '사이버 명예훼손(정보통신망이용촉진 및 정보보호 등에 관한 법률상 명예훼손)' '교통사고(형법상 업무상 과실치사상)' 등과 같은 범죄들을 다루었습니다.

셋째, 범죄와 형벌과 관련된 국가기관이나 단체 등이 많이 있습니다. 예를 들면 경찰, 검찰, 법원, 법제처, 대한법률구조공단, 전국범죄피해자연합회 등이 그러합니다. 특히 형사사법포털은 형사사건 관련자들에게 매우 유용한 사이트입니다. 수강생이나 독자들이 이러한 관련기관들의 존재를 알고, 해당 사이트나 애플리케이션에 접속하거나 활용해볼 수 있는 기회를 갖도록 하였습니다.

'교학상장(敎學相長)', 즉 "배워 본 이후에 자기의 부족함을 알 수 있으며, 가르친 후에야 비로소 어려움을 알게 된다. 그러기에 가르치고 배우면서 더불어 성장한다고 하는 것이다."는 말이 있지요. 저희들 역시 강의를 준비하고, 강의하고, 학생들로부터 질문을 받고 답을 찾아가는 과정에서 많이 배웠습니다. 그 과정들을 통해서 쌓인 자료들을 바탕으로 이번에 교재를 만드는 작업을 하였습니다. 나름 많은 노력을 기울였지만, 학자로서 가르치는 사람으로서 부족한 부분이 많기에 이 책에도 부족한 부분이 많을 것입니다. 독자 여러분의 너그러운 이해 부탁드립니다.

2021년 8월
저자들

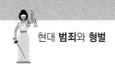

Contents

제1부_

범죄와 형벌의 일반론

제1장
범죄가 성립되기 위한 요건

1. 민·형사상 책임

2. 범죄는 법률에 규정

3. 범죄의 구성요건

1. 민·형사상 책임

하나의 문제를 해결하는 여러 가지 방향

우리는 일상생활에서 폭행이나 절도 등의 사건이 발생했을 때 무조건 '범죄'라는 단어를 떠올릴까. 아니면 상대방과 잘 이야기해서 해결하는 방법을 선택할까. 일부의 사람들은 "민·형사상 책임을 묻겠다." "일체의 민·형사상 책임이 따를 수 있다."는 등의 이야기를 하거나 들어본 적이 있을 것이다. 그렇다면 어떤 사건이 발생했을 때 그 문제를 해결하는 방법은 어떠한 것들이 있고, 흔히 말하는 민·형사상 책임이란 무엇을 말하는 것일까. 여기에서 우리는 범죄가 무엇인지를 다루기에 앞서, 다음의 사례들을 통해서 이것들을 알아보기로 한다.

대학생 A는 졸업한 후 어렵게 취업을 하였고, 열심히 일하여 받은 월급으로 알뜰하게 생활하고 남은 돈을 적금에 넣었다. A가 적금을 들고 있다는 사실을 안 A의 대학 동창인 B는 A에게 6개월 후에 돌려주겠다고 약속하면서 2,000만 원을 빌려 달라고 하였다. A는 아주 친한 친구인 B의 부탁을 거절할 수 없어서, 적금을 해지하고 2,000만 원을 B에게 빌려주었다. 그런데 1년이 지난 지금까지 친구 B는 빌려 간 돈 2,000만 원을 갚지 않고, 이제는 A의 전화도 피한다. A는 B에게 돈을 빌려준 것을 깊이 후회하면서 엄청난 배신감까지 느끼고 있다. A는 B처럼 남의 돈을 빌려간 후 갚지 않은 자들은 당연히 교도소에 보내서 정신을 차리게 해야 하지 않을까 생각한다. A가 친구 B로부터 돈을 되돌려 받으려면 어떻게 해야 할까(사례 1).

이번에는 조금 다른 경우를 보자. 대학생 A는 사람이 많은 지하철역에서 계단을 내려가다가 건장한 남자인 B와 어깨를 부딪쳤다. A는 B에게 미안하다고 사과를 하였는데, B는 기분 나빠하며 A를 무자비하게 폭행하였다. A는 앞니 2개가 빠지고, 갈비뼈가 부려져 치료비만 2,000만 원이 들었다. 이 사건으로 B는 폭행치상죄로 기소되어, 유죄 판결을 받았다. 그런데 아직까지 A는 B로부터 치료비를 받지 못하여 답답한 상황이다. A는 B로부터 치료비를 받을 수 있을까(사례 2).

민사책임과 민사절차

위 사례 1에서 B가 돈을 갚지 않은 하나의 행위와 사례 2에서 B가 A를 폭행한 행위는 각각 하나의 행위이지만, A는 B의 민사책임을 물을 수도 있고, 형사책임을 묻도록 할 수도 있다. 먼저, 민사책임은 개인들 간의 매매계약, 임대차계약, 소비대차

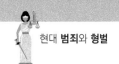

계약 등을 이행할 책임(사례 1)이나 타인에게 손해를 준 경우에 손해배상을 해야 하는 책임(사례 2)을 말한다. 민사책임이 문제되는 민사분쟁은 당사자인 A와 B가 한 발씩 양보하여 화해하거나 법원의 조정을 통해서 해결될 수 있다. 그러나 이러한 조정이 이루어지지 않는 경우에는 원칙적이고 가장 명확한 강제적인 분쟁 해결 절차인 민사소송을 제기하면, 법원이 그의 정신적·금전적 손해에 대하여 배상을 명하는 형태로 진행된다(판결 절차). 일반적으로 민사소송은 절차가 번거롭고 복잡하여 변호사나 법무사의 도움 없이는 스스로 하기 어렵고, 비용이 많이 들고 시일도 오래 걸리기 때문에 분쟁당사자가 이를 꺼리는 경우가 많다. 그래서 이런 문제를 해결하기 위하여 3,000만 원을 초과하지 아니하는 금전 지급을 목적으로 하는 청구(대여금, 물품 대금, 손해 배상 청구)와 같이 비교적 단순한 사건에 대하여 보통 재판보다 훨씬 신속, 간편하며 저렴하게 재판을 받을 수 있도록 하고 있다. 이를 소액 사건 심판 제도라고 한다.

법원의 조정이나 판결이 있음에도 불구하고, 민사책임을 져야 하는 사람인 B가 돈을 갚지 않거나 손해배상금을 지급하지 않은 경우 국가 기관의 힘을 빌려 강제적으로 B의 재산을 팔아(경매) 채권 만족을 얻을 수 있다(민사 집행 절차). 이 때 A는 B가 재산을 빼돌리는 등의 행위를 하는 것을 막기 위해 소송을 내기 전에 B의 부동산, 예금 등의 재산을 미리 확보해 두는 조치를 취할 필요가 있다(가압류).

참고로 최근에는 사건 당사자가 변호사를 선임하지 않고 직접 소송절차를 진행하는 나홀로소송이 증가하고 있는데, 이에 맞추어 법원에서는 '나홀로소송' 사이트를 운영하면서 관련 정보를 제공하고 있으므로 이를 활용하는 것이 유익할 것이다.[1]

형사책임과 형사절차

한편 사례 1에서 A는 B가 빌려간 돈을 갚지 않은 행위를 사기죄로 하여 경찰에 고소할 수도 있을 것이다. 이 때 A는 피해자가, B는 범인(추후에 피의자, 피고인, 수형자로 불리게 될 수도 있다.)이 된다. 경찰이 B에게 사기 혐의가 있다고 인정하여 사건을 검사에게 송치하면, 검사는 국가 기관을 대표하여 범죄 혐의자를 대상으로 법원에 형사소송을 제기할 수 있고, 법원은 그에게 잘못이 있는지, 만약 잘못이 있다면 형벌을 부과할 것인지, 형벌을 부과한다면 어떤 형태의 형벌을 얼마나 부과할 것인지를 결정한다. 이와 같이 범죄를 저지른 개인이 형벌을 받아야 할 법적 책임

---

1) 대법원 대국민서비스 - 나홀로소송(https://pro-se.scourt.go.kr/wsh/wsh000/WSHMain.jsp)
　대법원 대국민서비스 - 나의 사건검색(https://www.scourt.go.kr/portal/information/events/search/search.jsp)

을 형사책임이라고 한다.

민사절차와 형사절차의 관계

사례 1, 2에서 A가 B에게 빌려준 돈을 돌려받거나 치료비를 받고자 하는 것은 개인 간의 관계로서, 이를 위해서는 민사책임을 묻는 민사절차를 진행시켜야 한다. 그런데 A가 B의 형사처벌을 원할 경우 즉, 형사책임을 묻고자 할 경우에는 경찰에 고소함으로써 형사절차를 진행시켜야 한다. 민사절차와 형사절차는 별개의 문제를 다루는 서로 독립적인 절차이다. 따라서 형사소송에서 B가 유죄판결을 받는다고 하여, A가 민사소송에서 반드시 승소하는 것은 아니다. 다만, B의 형사사건에서의 수사기록이나 재판기록은 A와 B의 민사소송에서 증거자료로 활용될 수는 있을 것이다.

보통 사람들은 A와 같은 상황에 처할 경우 경찰에 고소를 하면 B가 형사처벌을 받고 아울러 빌려준 돈을 돌려받거나 치료비를 받을 수 있다고 생각한다. 이것은 민사절차와 형사절차가 서로 독립된 절차라는 사실을 알지 못함으로서 생긴 오해라고 할 수 있다.

🔍 추가 : 행정제재

사람들이 법에서 정한 행정적 의무를 위반하였을 때, 행정 기관은 이러한 의무위반자에게 일정한 불이익을 부과한다. 예를 들어 교통사고가 발생하였을 경우에 운전자는 ① 운전면허의 정지나 취소, ② 범칙금 납부, ③ 지시 불이행에 따른 벌점과 함께 교정교육을 이수해야 한다. 이 외에도 시정조치명령, 영업정지명령, 과태료 또는 과징금의 납부 등 다양한 형태의 행정제재가 있다. 행정제재 역시 징역이나 벌금과 같은 형사책임, 피해자에 대한 손해배상책임과 같은 민사책임과 구분할 필요가 있다.

2. 범죄는 법률에 규정

범죄란 무엇인가?

　매일 뉴스에서 다루어지는 어제의 범죄사건, 영화나 드라마의 단골 소재인 범죄 등 우리는 '범죄'와 관련된 이야기를 참으로 많이 말하고 듣는다. 그렇다면 범죄란 무엇일까. 범죄는 언제 성립하는 것일까. 범죄를 매우 단순하게 표현하면 나쁜 행위일 것이다. 하지만 나쁜 행위를 모두 범죄라고 할 수는 없다. 만약 '문제 있는 행위' '나쁜 행위'를 모두 범죄로 인정하면, 조금이라도 '문제 있는 행위' '나쁜 행위'를 한 자들은 모두 형벌을 받게 된다. 이렇게 범죄의 범위를 애매모호하게 정하거나 광범위하게 인정할 경우 국민의 신체의 자유 등 기본권이 침해될 우려가 높아진다. 이에 우리 헌법은 국민의 기본권이 침해받지 않고 보호받도록 하기 위해서 "모든 국민은 신체의 자유를 가진다. 누구든지 법률에 의하지 아니하고는 체포, 구속, 압수, 수색 또는 심문을 받지 아니하며, 법률과 적법한 절차에 의하지 아니하고는 처벌, 보안처분 또는 강제노역을 받지 아니한다."고 규정하고 있다(제12조 제1항). 즉 우리나라에서는 어떤 행위가 범죄가 되는지 규정하고, 그 범죄에 어느 종류, 어느 정도의 형벌을 가하기 위해서는 미리 법률에 명확히 규정해 두어야 한다. 이것이 바로 "법률이 없으면 범죄도 없고, 형벌도 없다."는 죄형법정주의 원칙이다. 죄형법정주의원칙에 따라 인정되는 구체적인 내용으로는 ① 관습형법금지, ② 소급효금지, ③ 명확성의 원칙, ④ 유추해석금지의 원칙, ⑤ 적법절차의 원칙 등이 있다.

관습형법금지의 원칙

　범죄와 형벌의 내용은 반드시 성문의 법률에 규정되어 있어야 한다(성문법주의). 관습법과 같은 불문법으로 범죄와 형벌의 내용을 정하는 것은 금지된다(관습형법금지의 원칙). 현재 범죄와 형벌에 관하여 규정하고 있는 법률로는 형법이 가장 대표적이다.[2] 형법에는 "사람을 살해한 자는 사형, 무기 또는 5년 이상의 징역에 처한다."

---

2) 형법은 형사실체법의 근간이 되는 법으로서 많은 형사 관련 특별법의 기초가 될 뿐만 아니라, 국민들의 일상생활에 직접 적용되는 기본법이라는 점에서 형법에 사용되는 용어나 문장은 형사 관련 특별법 등 다른 법령 문장의 모범이 되어야 하고, 국민들의 올바른 언어생활을 도모할 수 있어야 한다. 1953년 제정되어 시행되어 온 형법은 제정 이후 60년 이상 경과하였음에도 제정 당시의 어려운 한자어, 일본식 표현, 어법에 맞지 않는 문장 등이 그대로 사용되고 있고, 일상적인 언어 사용 규범에도 맞지 않아 일반 국민들이 그 내용을 쉽게 이해하기 어렵다는 지적이 있어 왔다. 따라서 형법에 사용된 일본식 표현이나 어려운 한자어 등 개정이 시급한 대표적인 법률용어들을 국민의 눈높이에 맞추어 알기 쉬운 우리말로 변경하고, 법률문장의 내용을 정확히 전달할 수 있도록 어순구조를 재배열하는 등 알기 쉬운 법률 문장으로 개정함으로써 형법에 대한 국민의 접근성 및 신뢰성을 높이기 위해서 2020년 12월 8일 형법[법률 제17571호, 2020. 12. 8., 일부개정][시행 2021. 12. 9.] 이 개정되었

"사람의 신체에 대하여 폭행을 가한 자는 2년 이하의 징역, 500만원 이하의 벌금, 구류 또는 과료에 처한다."와 같이 범죄와 형벌에 관하여 규정하고 있다. 형법 외에도 폭력행위 등 처벌에 관한 법률, 특정범죄 가중처벌 등에 관한 법률, 특정강력범죄의 처벌에 관한 특례법, 성폭력범죄의 처벌 등에 관한 특례법, 아동·청소년의 성보호에 관한 법률, 성폭력방지 및 피해자보호 등에 관한 법률, 경범죄 처벌법 등 각종 법률에 범죄와 형벌을 규정하고 있다. 이러한 법률의 규정들을 통해서 국민들은 자기의 행위가 범죄가 되는지 미리 예측할 수 있고, 범죄가 되지 않는 한 자유롭게 행동할 수 있다. 이러한 예측가능성을 통해 국민들의 행동의 자유가 보장된다고 할 수 있다. 참고로 이러한 법률들은 법제처 국가법령정보센터에서 쉽게 찾을 수 있다.

소급효금지의 원칙

성문의 법률이기만 하면, 언제 만들어진 법률인지 문제되지 않을까. A가 2020년에 어떤 유형의 행위를 하였는데, 2020년의 법률 즉 행위시의 법률은 A가 한 유형의 행위를 범죄라고 규정하지 않았다. 그런데 2년 후 개정된 신법(新法)에서 A의 2020년에 한 유형의 행위를 범죄라고 규정하였다. 그렇다면 A의 2020년의 행위는 범죄인가 범죄가 아닌가. 만약 A의 2020년의 행위를 범죄라고 한다면, A는 자신이 행위를 한 당시의 법을 믿고 행위를 할 수가 없게 된다(법적 안정성의 침해). 이렇게 된다면 죄형법정주의는 아무런 의미가 없게 된다. 따라서 형법 제1조 제1항은 "범죄의 성립과 처벌은 행위시의 법률에 따른다."고 정하고 있다(행위시법주의). 즉, 범죄와 형벌에 관한 법률은 시행 이전에 발생한 사항에 대해서는 소급하여 적용할 수 없다(소급효금지의 원칙, 사후법금지의 원칙).

명확성의 원칙

성문의 법률은 어떤 행위가 범죄이고, 그에 대하여 어떠한 형벌이 과해지는지 명확하게 규정해야 한다(명확성의 원칙). 부정청탁 및 금품 등 수수의 금지에 관한 법률, 일명 '김영란법'에서 부정청탁의 개념과 유형이 모호하므로 헌법상 죄형법정주의의 명확성 원칙에 위배되는지 여부를 묻는 헌법소원이 제기되었는데, 헌법재판소는 이 법률상 부정청탁 등의 의미는 모호하지 않으므로 합헌이라고 판단한 바 있다.[3]

명확성의 원칙에 따라 형벌의 장기와 단기가 전혀 특정되지 않은 절대적 부정기

다. 이 책은 개정된 형법을 반영한 것이다.

3) 헌재 '김영란법' 합헌 결정, 9월 28일부터 본격 시행(MBC 뉴스 2016.7.28.)

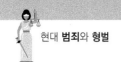

형은 금지되지만, 장기와 단기 또는 장기만 특정되어 있는 상대적 부정기형은 허용된다. 현재 소년법은 소년이 법정형으로 장기 2년 이상의 유기형(有期刑)에 해당하는 죄를 범한 경우에는 그 형의 범위에서 장기와 단기를 정하여 선고한다(제60조제1항).

유추해석금지의 원칙

법률을 해석하는 방법으로 법률에 규정이 있는 사항 A를 그것과 유사한 성질을 가지는 사항 A'에 적용하는 방법이 있다. 이를 유추해석이라고 한다. 그런데 범죄와 관련된 법률을 유추해석할 경우 예상하지 못하게 범죄의 범위가 넓게 해석될 우려가 있다. 따라서 죄형법정주의에서는 유추해석을 금지하고 있다(유추해석금지의 원칙).

적법절차의 원칙

국가형벌권의 남용으로부터 국민이 자유와 권리를 보호하기 위한 원칙으로 적법절차의 원칙이 있다. 이러한 적법절차를 위한 세부적인 원칙으로는 다음과 같은 것들이 있다.

먼저, 이른바 미란다원칙으로 경찰이나 검찰이 범죄용의자를 연행할 때 그 이유와 변호인의 도움을 받을 수 있는 권리, 진술을 거부할 수 있는 권리 등이 있음을 미리 알려 주어야 한다. 영화나 드라마에서 경찰이 범인을 체포할 때 "당신은 묵비권을 행사할 권리가 있고, 변호사를 선임할 수 있으며…" 등을 말하는 것이 이것이다. 우리 형사소송법은 "검사 또는 사법경찰관은 피의자를 체포하는 경우에는 피의사실의 요지, 체포의 이유와 변호인을 선임할 수 있음을 말하고 변명할 기회를 주어야 한다."고 정하고 있다(형사소송법 제200조의5). 최근 법원은 음주운전 후 도주하는 운전자를 체포한 후 음주측정을 한 사례에서, 경찰이 미란다 원칙을 고지하지 않고 체포하였기 때문에 불법체포이고, 체포 이후 이루어진 음주측정은 증거가 될 수 없다고 판시한 적이 있다.[4] 나아가 검사 또는 사법경찰관은 피의자를 신문하기 전에도 ① 일체의 진술을 하지 아니하거나 개개의 질문에 대하여 진술을 하지 아니할 수 있다는 것, ② 진술을 하지 아니하더라도 불이익을 받지 아니한다는 것, ③ 진술을 거부할 권리를 포기하고 행한 진술은 법정에서 유죄의 증거로 사용될 수 있다는 것, ④ 신문을 받을 때에는 변호인을 참여하게 하는 등 변호인의 조력을 받을 수 있다는 것 등을 알려주어야 한다(형사소송법 제244조의3).

---

4) 미란다원칙 미고지 현행범 체포 불법…음주운전 무죄(연합뉴스 2015.1.15.)

영장주의에 따라 수사기관은 형사절차에서 체포, 구속, 압수, 수색 등 강제처분을 할 때에 검찰이 청구하고 법관이 발부한 영장에 의하여야 한다(헌법 제12조 제3항). 예외적으로 피의자가 도망하는 등의 사유가 있는 경우에 영장없이 체포할 수 있다(형사소송법 제200조의3 긴급체포). 만약 긴급체포 등의 사유가 없음에도 영장없이 체포하여 증거를 수집한 경우 그 증거는 유죄의 증거로 쓰일 수 없다.[5] 적법한 절차에 따르지 아니하고 수집한 증거는 증거로 할 수 없기 때문이다(형사소송법 제308조의2 위법수집증거의 배제).

이중처벌금지원칙은 동일한 범죄에 대해서 거듭 형벌권을 행사해서는 안된다는 것이다. 너무도 당연한 것처럼 여겨지지만, 흉악범들에 대해서는 징역형의 복역을 마친 뒤에도 사회로부터 격리시켜야 한다는 목소리가 높다. 국민들의 여론에 맞추어 법무부가 이들에 대한 보호수용제 등을 방안을 내놓곤 하는데, 역시 이중처벌금지의 원칙에 위배되는지 문제될 수 있다.[6]

5) "단순제보만으로 긴급체포하면 위법" 마약혐의 '자백'에도 결국 무죄 확정(경향신문 2016.10.28.)

6) '제2의 조두순 막아라' 보호수용법 제정안 발의(동아일보 2018.3.19.)

3. 범죄의 성립요건

범죄의 성립요건

어떤 사람이 법률에서 범죄로 정해진 행위, 예를 들면 살인이나 폭행 등의 행위를 하면 무조건 범죄가 '성립'되는 것일까. 예를 들어, 의사가 환자의 사망확률이 높은 수술을 진행하기 앞서 환자 및 보호자에게 사망가능성에 대한 설명을 하고 수술동의서를 받고 수술을 하였으나 결과적으로 환자가 사망한 경우, 살인죄가 '성립'하므로 의사는 형사처벌을 받아야 할까(사례 1). 또한 5살 난 어린아이가 아파트 창문 밖으로 돌멩이를 떨어뜨려 지나가는 행인이 사망한 경우, 살인죄가 '성립'하므로 어린아이는 형사처벌을 받아야 할까(사례 2).

범죄란 구성요건에 해당하는 위법하고 책임 있는 행위를 의미한다. 즉 범죄가 성립되었다고 하기 위해서는 구성요건 해당성, 위법성, 책임이라는 3가지 요건이 갖추어져야 한다. 사례 1은 행위자인 의사의 위법성이 문제된 사례이고, 사례 2는 행위자인 5세 어린이의 책임능력이 문제된 사례이다.

구성요건 해당성

구성요건이란 법률상 금지 또는 요구되는 행위가 무엇인가를 추상적·일반적으로 기술해 놓은 것을 말하고, 구성요건 해당성이란 구체적인 개개의 행위가 구성요건에 합치하는 것을 말한다. 구성요건은 객관적 구성요건요소와 주관적 구성요건요소로 구분된다.

객관적 구성요건요소는 행위의 주체, 행위의 객체, 행위의 수단, 행위의 결과 등 행위의 외부적 현상을 기술한 것이다. 다음의 형법 규정에서 객관적 구성요건요소에 해당하는 부분을 찾아보기로 하자.

> **형법 제250조(살인, 존속살해)** ①사람을 살해한 자는 사형, 무기 또는 5년 이상의 징역에 처한다.
>
> **형법 제297조(강간)** 폭행 또는 협박으로 사람을 강간한 자는 3년 이상의 유기징역에 처한다.

> **형법** 제329조(절도) 타인의 재물을 절취한 자는 6년 이하의 징역 또는 1천만원 이하의 벌금에 처한다.
>
> **형법** 제366조(재물손괴등) 타인의 재물, 문서 또는 전자기록등 특수매체기록을 손괴 또는 은닉 기타 방법으로 그 효용을 해한 자는 3년이하의 징역 또는 700만원 이하의 벌금에 처한다.

 살인의 경우 '사람을 살해', 강간의 경우 '폭행 또는 협박으로 사람을 강간', 절도의 경우 '타인의 재물을 절취'하는 것이 객관적 구성요건요소에 해당된다. 범죄의 객관적 구성요건요소는 간단한 문제인 것처럼 보이지만, 실제 사건에서는 객관적 구성요건요소의 의미를 해석하는 것과 객관적 구성요건요소가 존재하는지 증명하는 것이 매우 어렵고도 중요한 일이다.

 주관적 구성요건요소는 객관적 구성요건요소에 대한 행위자의 내심적·주관적 상황에 속하는 구성요건요소로 주로 고의와 과실 등이 이에 해당된다. 고의와 과실에 대해서는 범죄의 유형 부분에서 살펴보기로 한다.

위법성

 범죄의 두 번째 성립요건은 위법성이다. 위법성이란 구성요건에 해당하는 행위가 전체 법질서에 비추어 보아 법질서에 어긋나는 허용되지 아니하는 성질을 말한다. 구성요건에 해당하는 행위는 원칙적으로 위법한 것으로 추정된다. 예를 들어 모든 강간의 행위는 위법하다.

 그렇지만 군인 A가 전쟁에 나가서 지휘관의 명령에 따라 적군을 죽인 경우, 군인 A는 살인죄를 범한 것인가. 의사 B가 수술하려고 환자의 복부에 칼을 대어 개복한 경우, 의사 B는 상해죄를 범한 것인가. A의 행위(법령에 의한 행위)와 B의 행위(업무로 인한 행위)는 구성요건에는 해당하지만, 특별한 사정에 의하여 위법성이 배제된다. 이처럼 구성요건에 해당하는 행위의 위법성을 소멸시켜 합법적 행위로 변화시키는 사유를 위법성 조각사유라고 하는데, 정당행위, 정당방위, 긴급피난 등이 있다.

🔍 위법성조각사유 1 : 정당행위

 법령에 의한 행위 또는 업무로 인한 행위 기타 사회상규에 위배되지 아니한 행위는 벌하지 아니한다(형법 제20조 정당행위). 위의 A의 행위(법령에 의한 행위)와 B의 행

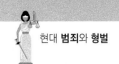

위(업무로 인한 행위)가 대표적인 정당행위이다. 법원은 이웃집에 놀러온 20대 여성이 야간에 소란을 피우자 50대 남성이 훈계를 하며 모자로 머리를 때린 사건에서 이 남성의 행위는 폭행의 구성요건을 충족하지만, 기타 사회상규에 위배되지 않은 정당행위로 보아 이 남성의 범죄를 인정하지 않았다.[7] 그런데 정당행위로 인정되기 위해서는 동기나 목적의 정당성, 수단이나 방법의 타당성, 보호이익과 침해이익 사이의 균형성, 긴급성, 다른 수단이나 방법이 없다는 보충성 등이 필요하다. 법원은 아버지가 늦게 귀가했다거나 외갓집에 연락했다는 등의 이유로 딸의 뺨을 때리거나 머리채를 잡아 넘어뜨리는 등 폭행한 혐의로 기소된 사건에서는 정당행위를 인정하지 않았다.[8]

🔍 위법성조각사유 2 : 정당방위

대학생 C가 길을 가는데, 지나가던 행인이 갑자기 누군가를 죽이려고 칼을 들고 뛰어들자 그 행인을 밀었는데 결과적으로 그 행인이 다친 경우, 그 대학생 C는 상해죄를 범한 것인가. 이 경우 C는 정당방위를 주장할 것이다. 그런데 정당방위란 현재의 부당한 침해로부터 자기 또는 타인의 법익을 방위하기 위하여 한 행위로서 상당한 이유가 있는 행위를 말한다(형법 제21조). 위의 사례에서 대학생 C의 행위는 현재의 부당한 침해로부터 자기 또는 타인의 생명에 대한 방위하기 위한 상당한 이유 있는 행위를 한 것으로 보인다. 따라서 C의 행위는 정당방위로 보여 위법성이 없고, 결과적으로 상해죄는 성립되지 않는다. 그렇지만 도둑을 때려 뇌사 상태에 빠뜨린 이른바 '도둑 뇌사 사건'에서처럼 정당방위가 쉽게 인정되는 것은 아니다.[9] 특히 다투는 과정에서 쌍방폭행을 한 경우, 원칙적으로 정당방위가 인정되지 않는다.[10] 다만, 상대방이 예상 이외의 과도한 공격수단을 사용하는 경우 등에서 예외적으로 정당방위가 인정될 뿐이다.

🔍 위법성조각사유 3 : 긴급피난

40대 여성인 D가 동네를 산책하는데 갑자기 유기견이 공격하며 쫓아오자 개의

---

7) "딸불륜 폭로" 위협 여인 폭행한 엄마, 정당행위로 무죄(매일경제 2016.3.20.)

8) "버릇 고치겠다" 딸 뺨 때린 아버지…법원 "정당행위 아니다"(서울신문 2020.6.17.)

9) 새벽에 침입한 '도둑 뇌사' ,집행유예 확정…대법 "정당방위 아냐"(파이낸셜뉴스 2016.5.12.)

10) 정당방위? 연말 술자리 시비에 "맞아도 참아라"(머니투데이 2017.12.1.)

공격을 피하려고 근처 휴대폰 가게로 뛰어들다가 휴대폰 가게 앞에 진열되어 있는 휴대폰들을 부셨을 때, D는 손괴죄를 범한 것인가. 보통 이러한 경우에 긴급피난을 주장하는데, 긴급피난이란 자기 또는 타인의 법익에 대한 현재의 위난을 피하기 위한 행위로서 상당한 이유가 있는 행위를 말한다(형법 제22조). 위의 사례에서 D의 행위는 자기의 생명, 신체에 대한 현재의 위난을 피하기 위하여 상당한 이유가 있는 것으로 긴급피난(형법 제22조)에 해당하여 위법성이 없고, 결과적으로 손괴죄는 성립되지 않는다.[11] 최근 남편의 폭력을 피하기 위해 음주 운전(도로교통법 위반)을 한 여성에게 법원은 "피고인의 음주운전은 긴급 피난 상황으로 판단된다. 설령 과잉피난에 해당하더라도 당시 피고인이 공포 등으로 불안한 상태였기 때문에 벌할 수 없다"고 판단하였다.[12]

책임

범죄의 세 번째 요건은 책임이다. 책임이란 합법을 결의하고 이에 따라 행동할 수 있었음에도 불구하고, 불법을 결의하고 위법하게 행위를 하였다는 것에 대한 비난가능성을 말한다. 보통 어린 아이나 심신장애를 가져 사물을 판단할 능력이 없는 자는 자신이 어떤 행동을 하고 있는지, 자신의 행위의 결과가 어떻게 될 것인지 제대로 이해하고 예측하지 못하므로 비난하기 어렵다. 또한 다른 사람의 협박이나 강요에 어쩔 수 없는 범죄를 저지는 자의 행위도 비난하기 어렵다. 이러한 경우에는 범죄의 구성요건해당성과 위법성이 있더라도 책임을 인정하기 어렵다. 따라서 범죄가 성립하지 않은 것으로 보아 처벌하지 않거나, 경우에 따라서 처벌의 수위를 낮추어주고 있다.

우리 형법 제9조는 14세 되지 아니한 자의 행위는 벌하지 아니한다고 규정하고 있다. 14세 미만의 자에게는 책임능력이 없다고 본 것이다. 따라서 초등학생이 범죄를 저지를 경우에는 어떠한 경우에도 형사재판에 따른 형벌을 받지 않게 된다. 다만, 범인이 10세 이상 14세 미만의 경우에는 범죄소년이 아닌 소년법상 촉법소년으로 처리될 수 있는데, 이 경우 가정법원 소년부 또는 지방법원 소년부에서 사건을 심리하여 보호사건으로 처리된다. 참고로 소년법상 보호처분으로는 1. 보호자 또는 보호자를 대신하여 소년을 보호할 수 있는 자에게 감호 위탁 2. 수강명령 3. 사회봉사명령 4. 보호관찰관의 단기 보호관찰 5. 보호관찰관의 장기 보호관찰 6. 「아동복

---

11) 교통사고 위험 피하려 300m 음주운전 한 30대가 긴급피난 적용돼 '무죄'(서울신문 2018.5.13.)

12) 남편 폭력 피하려고 음주 운전한 40대 여성 무죄(동아닷컴 2021.6.4.)

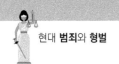

지법」에 따른 아동복지시설이나 그 밖의 소년보호시설에 감호 위탁 7. 병원, 요양소 또는 「보호소년 등의 처우에 관한 법률」에 따른 소년의료보호시설에 위탁 8. 1개월 이내의 소년원 송치 9. 단기 소년원 송치 10. 장기 소년원 송치 등이 있다.

성인의 경우에도 심신장애로 인하여 사물을 변별할 능력이 없거나 의사를 결정할 능력이 없는 자는 책임능력이 없어 벌하지 아니한다(형법 제10조 제1항). 심신장애가 있는 대표적인 경우는 정신분열증, 조울증, 충동장애, 정신박약 등이다. 우리 법원은 실제 중증 치매 노인이 사물변별능력과 의사결정능력을 잃은 상태에서 다른 사람을 살해한 사건에서 무죄를 선고하고 있다. 다만, 법원은 이들에게 재범의 위험성이 있고 특수한 교육·개선 및 치료가 필요하다고 인정될 경우 적절한 보호와 치료를 위해서 치료감호처분을 내릴 수 있다.

그리고 심신장애로 인하여 사물을 변별한 능력이나 의사를 결정할 능력이 미약한 자의 행위는 감경할 수 있다(제10조 제2항). 다만, 위험의 발생을 예견하고 자의로 심신장애를 야기한 자의 행위에는 전 2항(제10조 제1항, 제2항)의 규정을 적용하지 아니한다(제10조 제3항). 참고로, 2008년 조두순 사건 등을 비롯하여 많은 성범죄 사건에서 술에 취한 상태에서 성범죄를 저지른 자들이 심신장애로 인하여 사물변별능력과 의사결정능력이 미약하므로 형을 감경해 줄 것을 요청하는 경우가 많았다. 이러한 주장을 배척하기 위해서 2010년에 성폭력범죄의 처벌 등에 관한 특례법 제20조는 "음주 또는 약물로 인한 심신장애상태에서 성폭력범죄를 범한 때에는 형법 제10조 제1항, 제2항 및 제11조를 적용하지 아니할 수 있다."는 규정을 신설하였다.

현대 범죄와 형벌

제2장
범죄의 여러 형태

1. 고의범과 과실범

고의범

행위자가 행위를 한 결과, 사망이라는 결과가 있더라도 행위자가 살해의 고의로 살해하는 것과 과실로 사망의 결과가 발생한 것을 법적으로 동일하게 평가할 수는 없다. 이에 우리 형법은 기본적으로 고의를 가지고 범죄를 저지른 고의범을 전제로 규정하고 있다(형법 제13조 고의).

고의란 자기의 행위가 객관적 구성요건을 실현할 것을 인식하면서, 인식하는 사실을 실현할 의사를 갖는 행위자의 심적 태도를 말한다. 이러한 고의는 확정적 고의와 불확정적 고의로 나누어 볼 수 있다. 예를 들어 A가 B를 계획적으로 살해하려고 준비하여 살해하였다면, A에게는 살인의 확정적 고의가 있었다고 볼 수 있다(확정적 고의에 의한 살인죄). A가 B를 애초에 죽이려는 마음은 없었지만, 폭행 또는 상해를 하는 과정에서 "B가 죽을 수도 있지만 어쩔 수 없다."고 마음으로 용인, 승인, 양해한 경우라면, A에게는 살인의 불확정적 고의가 있었다고 할 수 있다. 후자를 다른 말로 살인의 미필적 고의라고도 한다(미필적 고의에 의한 살인죄). 동일한 범죄를 범한 경우이더라도 확정적 고의와 미필적 고의는 형벌의 정도 또는 형벌의 양을 결정하는 양형에서 차이가 있으므로 실제 재판에서의 가해자에게 확정적 고의가 있었는지 미필적 고의가 있었는지 심각하게 다투어지고 있다.

한편, A가 B를 폭행 또는 상해하는 과정에서 "B가 죽지는 않겠지." "설마 B는 죽지 않을 것이다."라고 B의 죽음을 내적으로 거부한 경우라면, B에 폭행 또는 상해의 고의는 있지만 사망에 대해서는 미필적 고의도 인정하기 어렵고 과실만이 인정된다(폭행치사죄 또는 상해치사죄).

과실범

과실이란 행위자가 정상적으로 기울여야 할 주의를 게을리 하여 죄의 성립요소인 사실을 인식하거나 예견하지 못하고 구성요건적 결과를 발생하게 하는 행위자의 심적 태도를 말한다(형법 제14조 과실). 앞에서 언급한 바와 같이 우리 형법은 고의범을 전제로 규율하고 있으므로, 행위자가 죄의 성립요소인 사실을 인식하지 못하면서 객관적 구성요건을 충족시킨 경우, 원칙적으로 범죄는 성립되지 않고 처벌되지도 않는다. 예를 들어 과실로 사람의 신체에 대하여 폭행을 가하였더라도 폭

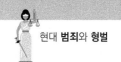

행의 고의가 없으므로 폭행죄가 성립되지 않고 처벌되지 않는다. 과실로 타인의 재물을 손괴하는 경우도 마찬가지로 처벌되지 않는다. 우리 형법은 과실폭행, 과실손괴, 과실협박, 과실절도, 과실사기 등은 범죄로 규정하고 있지 않기 때문이다.

그렇지만 정상의 주의태만으로 사람의 생명이나 신체 등에 피해를 주는 경우조차 행위자의 책임을 인정하지 않는 것에는 무리가 있을 것이다. 이에 우리 형법은 예외적으로 사람의 생명 또는 신체에 피해를 줄 수 있는 경우에는 과실로 인한 범죄를 인정하고, 처벌규정을 두고 있다. 과실범 중 대표적인 것으로는 과실치사죄, 과실치상죄, 실화죄 등이 있다.

과실치상죄와 과실치사죄

과실치상죄는 과실로 인하여 사람의 신체에 상해를 입힐 때 성립되고, 이 경우 500만원 이하의 벌금, 구류 또는 과료에 처하게 된다(형법 제266조).[13] 과실치사죄는 과실로 인하여 사람을 사망에 이르게 할 때 성립되고, 이 경우 2년 이하의 금고 또는 700만원 이하의 벌금에 처하게 된다(형법 제267조).

최근에는 키우는 반려동물이 다른 사람에게 상해를 주어 과실치상죄로 처벌받는 예가 늘고 있다.[14] 개와 같은 반려동물을 키우는 사람은 반드시 목줄을 묶고, 줄이 잘 묶여있는지 항상 점검해야 할 주의의무가 있는데, 주의의무를 소홀히 한 경우에 과실이 인정되는 것이다. 반려동물 중 맹견소유자가 목줄 및 입마개 등 안전장치를 하거나 맹견의 탈출을 방지할 수 있는 적정한 이동장치를 하지 않아 사람의 신체를 상해에 이르게 한 경우라면 동물보호법에 의해 2년 이하의 징역 또는 2천만원 이하의 벌금에 처한다(제46조 제2항 제1의3). 사망에 이르게 한 경우에는 3년 이하의 징역 또는 3천만원 이하의 벌금에 처한다(제46조 제1항).

과실치사상죄 중에서는 업무상 과실로 사람을 사상(사망과 상해)에 이르게 하는 범죄인 업무상 과실치사상죄가 많이 문제되고 있다. 업무상과실로 인하여 사람을 사망이나 상해에 이르게 한 자는 5년 이하의 금고 또는 2천만원 이하의 벌금에 처한다(형법 제268조). 업무상 과실치사죄가 성립되는 대표적인 경우로는 운전 중 교통사고를 일으켜 사람을 사망시킨 경우, 의사가 수술을 하다가 환자를 사망시킨 경우 등이 있다. 참고로 세월호 사고 당시 현장에 처음 도착한 뒤 승객을 제대로 구조하지 않은 해경의 현장지휘관의 업무상 과실치사죄 사건에서 법원은 "123정 방송장

---

13) 현관문 세게 열어 이웃 부상…법원 "과실치상 유죄"(연합뉴스 2020.3.3.)

14) "맹견 아니어도 관리 철저해야" 사람 문 반려견주에 벌금 200만원(중앙일보 2020.8.27.)

비로 퇴선방송을 하거나 승조원들을 통해 퇴선 유도조치를 했다면 일부 승객들은 생존할 수 있었을 것"이라고 하면서 그의 업무상 과실로 승객의 일부가 사망하였다고 판시하면서 업무상 과실치사죄를 인정하였다.[15]

폭행치사, 상해치사

폭행치사, 상해치사라는 말을 종종 들었을 것이다. 피해자의 사망이라는 결과를 놓고 보면 살인과 어떤 차이가 있는 것일까. 이 범죄들을 이른바 결과적 가중범이라고 하는데, 결과적 가중범이란 고의에 의한 기본범죄(폭행죄, 상해죄)에 의하여 행위자가 예견하지 못한 중한 결과(사망)가 발생한 경우에 그 중한 결과로 형이 가중되는 범죄를 말한다. 이러한 결과적 가중범은 고의범과 과실범의 결합범이라고 할 수 있다.

보다 구체적으로 살펴보면, 폭행치사죄는 폭행의 고의로 사람의 신체를 폭행하였지만, 과실로 사망에 이르게 된 때 성립된다(형법 제262조).[16] A와 B가 술을 마시다, 말다툼 끝에 A가 B를 밀어 숨지게 한 경우 법원은 폭행치사죄를 인정하였다.[17] B의 사망에 대해 A에게 살인의 고의를 인정하지 않은 것이다.

상해치사죄는 상해의 고의로 사람의 신체를 상해하였지만, 과실로 사망에 이르게 된 때 성립된다(형법 제259조).[18] 지난 2013년 떠든다는 이유로 8살짜리 의붓딸의 배를 밟고 때리고, 배가 아프다는 아이를 방치해 결국 숨지게 만든 계모에게 검찰은 사망의 고의를 인정하기 어렵다며 상해치사죄로 기소했고, 법원은 상해치사죄 유죄를 선고하였다(칠곡계모 사건).[19] 참고로, 피해자가 아동인 경우에는 형법상 상해치사죄를 적용하기 보다는 아동학대범죄의 처벌 등에 관한 특례법(약칭 : 아동학대처벌법)상 아동학대치사죄를 적용하는 것이 일반적인데, 이것이 인정되는 경우에는 무기 또는 5년 이상의 징역에 처하게 된다(동법 제4조).[20]

한편, 이러한 범죄들과 달리 살인죄를 인정하기 위해서는 살인의 고의로 사람을 살해한 것이 입증되어야 한다(형법 제250조).[21] 역시 지난 2013년 만 7살인 의붓딸

---

15) '세월호 부실구조' 해경 123정장 징역 3년 확정(한국일보 2015.11.28.)

16) 형법 제262조(폭행치사상) 전2조의 죄를 범하여 사람을 사상에 이르게 한 때에는 제257조 내지 제259조의 예에 의한다.

17) 얼굴 한대 때려 7개월뒤 사망… 법원 "폭행치사"(동아일보 2019.9.10.)

18) 형법 제259조(상해치사) ①사람의 신체를 상해하여 사망에 이르게 한 자는 3년 이상의 유기징역에 처한다.

19) 칠곡 여아 폭행 숨지게 한 계모, "상해치사냐 살인이냐"(경향신문 2014.4.8.)

20) '정인이 사건' 양모 1심 무기징역, 양부 징역 5년(동아닷컴 2021.5.14.)

21) 형법 제250조(살인, 존속살해) ①사람을 살해한 자는 사형, 무기 또는 5년 이상의 징역에 처한다.

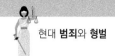
에게 35분 동안 주먹질과 발길질을 하고, 그 30분 뒤에 또 다시 무자비한 폭행을 퍼부어 사망에 이르게 한 계모에게 살인죄가 인정되었다(울산계모 사건). 처음부터 살해의 고의를 가지고 시작된 살인은 아니지만, 폭행 중에 숨질 수 있다는 사실을 알아채고도 멈추지 않은 살인의 미필적 고의를 가진 살인이었다고 판단되었다.[22] 아동학대범죄를 범한 사람이 아동을 살해한 경우에는 그 행위의 비난 가능성 등을 고려하여 일반 살인죄보다 중하게 처벌할 필요성이 있으므로 2021년 아동학대살해죄를 신설하여 아동학대범죄를 범한 사람이 아동을 살해한 때에는 사형, 무기 또는 7년 이상의 징역에 처하도록 하는 규정이 마련되었다(아동학대처벌법 제4조 제1항).

이처럼 폭행치사, 상해치사, 살인의 경우 피해자의 사망이라는 사실은 동일하지만, 가해자의 고의에 따라 다른 죄가 성립될 수 있다. 실제 재판에서의 가해자에게 폭행, 상해, 살인 중 어떤 고의가 있었는지 매우 중요한 문제로 다투어진다.

---

22) 법원, "울산 계모 살인죄 맞다" 아동학대에 처음 인정(한국일보 2014.10.16.)

2. 예비범과 미수범

범죄의 실현단계

우발적인 범죄인 경우가 아닌 한 통상 행위자가 범죄를 실현하기까지는 여러 단계를 거친다. 예를 들어 B는 A가 빌려준 돈을 갚을 것을 계속해서 독촉하는데, 가지고 있는 돈이 없다. 이 때 B는 A를 살해하여 빚 독촉으로부터 벗어나고 싶다는 생각을 한다. B는 A를 어떻게 살해할 것인지 살인 방법을 궁리하여 살인의 실행계획을 세우고, 살인에 필요한 도구들을 인터넷으로 주문한다. 마침내 B는 A의 살해를 시도한다. B의 살인시도가 성공할 경우, 우리는 B를 살인범이라고 하고 살인죄로 처벌할 수 있다. 그런데 모든 일이 계획대로 진행되지는 않는다. 살인을 계획한 B가 살인 도구를 구입하여 자동차에 가지고 다니다가 경찰의 검문에 걸려 발각될 수 있다. 또는 B는 A를 죽이려고 총을 쏘고 도망쳤는데, A가 살아났다는 보도를 접할 수도 있다.

살인 뿐만 아니라 다른 범죄들도 보통은 범죄의 의사(결심) → 범죄의 계획과 준비 → 범죄의 실행 착수 → 범죄 결과의 발생이라는 단계로 실현된다. 범죄의 실현단계는 계획처럼 이루어질 수도 있지만, 계획이나 준비단계에서 중단될 수도 있다. 범죄의 실행의 착수는 했지만 범죄의 결과에 도달하지 못할 수도 있다. 이러한 경우를 범죄결과가 발생한 경우와 동일하게 처리할 수는 없다. 그래서 우리 형법은 범죄의 계획준비단계에서 발각된 경우를 예비, 음모로, 범죄의 실행의 착수 후 결과 발생하지 않은 경우를 미수로 정하고, 범죄 결과가 발생한 기수범과 다르게 처벌한다.

범죄의 예비와 음모

범죄의 예비란, 보통 범죄의 의사의 실현을 위한 준비행위를 통해 범죄의사가 외부에 표시되지만, 아직 실행의 착수에 이르지 아니한 단계를 말한다. 예를 들어 B가 A를 살해하기 위해서 권총이나 칼 등을 구입하는 단계를 예비단계라고 볼 수 있다.

범죄의 음모란, 통상 2인 이상이 일정한 범죄를 실현하기 위하여 서로 의사를 교환하고 구체적이고 실질적인 합의를 하는 단계를 말한다. B가 C와 만나서, A를 살해할 구체적인 방법을 논의하였다면 모의단계이다.

우리 형법은 "범죄의 음모 또는 예비행위가 실행의 착수에 이르지 아니한 때에는 법률에 특별한 규정이 없는 한 벌하지 아니한다."고 규정하고 있다(제28조). 따

라서 각종 범죄의 예비, 음모는 원칙적으로 처벌되지 아니한다. 다만, 살인예비·음모죄, 강도예비·음모죄, 방화예비·음모죄, 내란예비·음모죄 등과 같이 처벌 규정이 있는 경우에는 예외적으로 처벌된다. 위의 사례에서 B는 살인예비·음모죄로 처벌될 수 있다.[23] 그리고 다른 사람의 돈을 빼앗겠다고 편의점에서 흉기를 훔친 경우에는 강도예비가 성립될 수 있다. 방화예비죄는 종종 뉴스에서 보도되는 "부부싸움을 하던 중 남편이 아파트에 인화성 물질을 뿌리고 라이터로 불을 지르려 한 경우"에 성립될 수 있다.[24]

실행의 착수

범죄의 미수란 범죄의 실행에 착수하였으나 여러 가지 원인으로 인하여 그 행위를 종료하지 못하였거나 결과가 발생하지 않은 경우 모든 경우를 말한다. 여기서 실행의 착수란 범죄실행의 개시를 말하고, 범죄의 예비음모와 미수의 구별기준이 된다. 그렇다면 실행의 착수시기를 언제로 볼 것인지가 매우 중요한데, 우리 법원은 범죄의 유형별로 몇 가지 구체적인 판단기준을 제시하고 있다. 예를 들어 물건을 훔치기 위해서 남의 차량 문의 손잡이를 잡았다면, 차량의 문을 열지 못했더라도 이미 절도죄의 실행의 착수가 있는 것으로 본다(이른바 밀접행위). 강간죄는 폭행이나 협박이 시작될 때 실행의 착수가 있는 것으로 본다. 2019년 5월 새벽에 신림동에서 귀가하던 한 여성을 뒤쫓아 간 뒤, 이 여성의 집에 침입해 여성을 성폭행하려 한 혐의로 기소된 이른바 '신림동 강간미수 CCTV 사건'에서 대법원은 강간미수 부분에 대하여 "설령 피고인에게 강간하려는 내심의 의도가 있었다고 하더라도 실행에 착수한 것이 인정돼야 미수로 처벌할 수 있다. 그런데 피고인이 현관문을 치는 등의 행위는 의심 없이 강간으로 이어질 직접 행위라고 보기 어렵고, '문을 열어보라'는 등의 말도 협박으로 인정하기 부족하다."고 보아, 강간미수 부분에 대하여 무죄로 결정하였다. 다만, 여성을 집 앞까지 쫓아가 여성의 집 안으로 들어가려 한 주거침입 혐의는 유죄가 인정되었다.[25]

미수범은 범죄의 결과가 발생하지 않았기 때문에 예비, 음모와 마찬가지로 원칙적으로 처벌하지 아니한다. 다만, 미수에 관한 처벌규정이 있는 경우에만 예외적으로 처벌하도록 하고 있는데, 살인, 상해, 체포, 강간, 주거침입, 절도, 강도, 사기, 횡

23) 흉기 품고 경찰서 찾아가 "경찰 죽인다"…살인예비죄로 처벌(연합뉴스 2021.4.15.)

24) 코로나19 면회 통제…병원에 불 지르려한 50대 징역형(KBS NEWS 2021.8.1.)

25) 신림동 원룸 그 남자…결국 강간미수는 무죄(KBS 2020.6.25.)

령 등 비교적 많은 범죄에 미수의 처벌규정이 있다.

미수의 유형

범죄의 미수라고 하더라도 모든 경우를 법적으로 동일하게 평가할 수는 없다. 따라서 우리 형법은 미수를 장애미수, 중지미수, 불능미수 3가지로 나누어 규정하고 있다.

장애미수란 범죄의 실행에 착수하였으나 행위자의 의사에 반하여 외부적 장애로 그 행위를 종료하지 못한 경우 또는 행위는 종료하였으나 결과가 발생하지 않은 경우를 말한다(형법 제25조). 단순히 '미수범'이라고 말할 때에는 일반적으로 장애미수를 의미한다. 예를 들어 은행을 털려던 괴한이 직원의 손을 철사로 묶고 금품을 요구했지만(실행의 착수), 이상한 낌새를 눈치 챈 주변 가게의 주인이 은행에 들어오자 그대로 달아난 경우(행위를 종료하지 못함)는 강도죄의 장애미수가 된다.

장애미수의 처벌은 기수범보다 감경할 수 있다. 따라서 기수범과 동일하게 처벌할 수도 있고, 기수범보다 감경할 수 있다. 살인의 장애미수범이 피해자를 너무도 잔혹하게 살인하려고 한 경우에 형을 감경하지 않고 징역 30년이 선고한 사례도 있다.[26]

중지미수란 범죄의 실행에 착수한 행위로 자의로 중지하거나 그 행위로 인한 결과의 발생을 장의로 방지한 경우를 말한다(형법 제26조). 예를 들어 한 여자를 강간을 하려고 폭행을 하던 남자가 여자가 살려달라고 애원하면서 울자 불쌍한 마음이 들고, 양심의 가책을 느껴 자신의 행위를 중단한 경우에 강간죄의 중지미수가 인정된다. 중지미수는 필요적으로 형을 감경 또는 면제한다. 이것은 범인이 외부적 사정이 아니라 본인 스스로 범행을 그만둔 부분에 중점을 두어 일종의 선처를 베푸는 것이다.

불능미수란 범죄의 실행에 착수하였으나 처음부터 실행의 수단 또는 대상의 착오로 인하여 결과의 발생이 불가능하더라도 위험성이 있는 경우를 말한다(형법 제27조). 행위자가 치사량에 해당한다고 생각하는 양의 독약으로 피해자를 살해하려 하였으나 치사량 미달의 독약이 사용된 경우에 살인죄의 불능미수가 인정될 수 있다. 불능미수의 경우 기수범 보다 감경하거나 면제할 수 있다. 최근에는 술에 취한 피해자가 심신상실 또는 항거불능 상태인 점을 이용해 강간을 했는데 실제로는 심

---

26) 너무도 잔혹한 살인미수범… '역대 최고' 징역 30년 선고(연합뉴스TV 2015.1.19.)

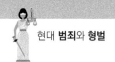

신상실 또는 항거불능 상태가 아니었던 사건에서 준강간죄의 불능미수에 해당한다는 대법원 전원합의체 판결이 있었다.[27]

범죄의 기수

범죄의 기수는 범죄의 실행에 착수하여 범죄를 완성한 경우를 말한다. 사람을 살해하려고 한 자가 총을 발사하여 상대방을 살해한 경우이다. 보통 살인범이라고 말할 때에는 살인의 기수범을 말한다.

---

27) 항거불능 아닌 피해자를 간음한 경우 준강간죄의 불능미수(법률저널, 2019. 3. 29.)

3. 공범

공범의 의의와 종류

하나의 범죄 사건에서 범인은 1인 일수도 있지만, 범인이 2인 이상인 경우도 많다. 전자와 같이 범죄를 단독으로 계획하고 준비하여 실행한 경우 그 범인을 단독범이라고 하고, 후자와 같이 범죄를 두 사람 이상이 협력 가공하여 실행하는 경우 그 범인들을 공범이라고 한다. 그런데 범인이 2인 이상인 범죄에서 범인들이 범죄에 가담하는 형태는 여러 가지가 있다. 이에 우리 형법은 범인들의 역할 등에 따라 공동정범, 교사범, 종범, 간접정범으로 나누어 규정하고 있다.

공범 중 교사범과 종범은 정범을 전제로 한 개념이다. 통상 정범은 구성요건에 해당하는 사건의 진행을 조종, 장악, 지배하는 행위지배를 한 자를 말하고, 그 이외의 자를 공범이라고 한다.

공동정범

공동정범은 2인 이상이 공동의 범행을 결의하고, 실행행위를 할 때에도 역할을 분담한 후 기능적으로 행위지배를 함으로써 전체적으로 범행계획을 실현하는 형태를 말한다. 예를 들면 A와 B가 한 은행에서 돈을 훔치기로 한 후 상황에 따라서 흉기를 사용하기로 합의하였다. A는 은행으로 침입한 후 은행원을 칼로 찔러 상해를 입히면서 금고를 열도록 하였고, B는 금고에서 돈을 꺼내어 준비해온 가방에 넣었다. 그 후 A와 B는 은행을 빠져나왔다. 이 경우 A가 한 행동은 위험한 물건으로 상해를 입힌 특수상해(형법 제258조의2)[28]에 해당하고, B는 절도(형법 제329조)[29]이다. 그렇지만 이들은 서로 기능적으로 강도상해(형법 제337조)[30]라는 행위를 지배한 것으로 보이며, 결국 A와 B는 모두 강도상해죄를 범한 것으로 판단된다. 최근 사회적으로 큰 문제가 된 이른바 '여중생을 폭행한 중고생' '학교폭력 가해자들' '보이스 피싱 일당' '성착취 n번방 가담자'[31] 등도 각각의 범죄의 공동정범으로 인정되

---

28) 형법 제258조의2(특수상해) ① 단체 또는 다중의 위력을 보이거나 위험한 물건을 휴대하여 제257조 제1항 또는 제2항의 죄를 범한 때에는 1년 이상 10년 이하의 징역에 처한다.

29) 형법 제329조(절도) 타인의 재물을 절취한 자는 6년 이하의 징역 또는 1천만원 이하의 벌금에 처한다.

30) 형법 제337조(강도상해, 치상) 강도가 사람을 상해하거나 상해에 이르게 한때에는 무기 또는 7년 이상의 징역에 처한다.

31) 법원, '박사방 2인자' 강훈에 징역 15년 선고… "조주빈과 공동정범"(조선일보, 2021.1.21.)

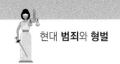

었다.

공동정범으로 인정될 경우 각각의 범인들은 그 죄의 정범으로 처벌된다(형법 제
30조).

교사범

교사범은 타인(정범)을 교사하여 범죄실행의 결의를 생기게 하고, 정범이 결의
에 의하여 범죄를 실행하도록 하는 자이다. 죄의 실현단계에서 본 사례를 다시 떠올
려 보자. B(교사범)는 A(피해자)가 빌려준 돈을 갚을 것을 계속해서 독촉하는데, 가
지고 있는 돈이 없다. 이 때 B(교사범)는 A(피해자)를 살해하여 빚 독촉으로부터 벗
어나고 싶다는 생각을 한다. 이 때 B(교사범)는 자신에게 약점을 잡힌 C(정범)에게
A(피해자)를 살해하도록 지시하고, 자신의 계획에 따라 범행을 저지르도록 지속적
으로 압박을 한다. 결국 C(정범)는 A(피해자)를 살해한다.[32] 이러한 사례에서 B는
살인의 교사범이, C는 살인의 정범이 된다.

교사범의 경우 죄를 실행한 자인 정범과 동일한 형으로 처벌된다. 다만, 교사를
받은 자가 범죄의 실행을 승낙하고 실행의 착수에 이르지 아니한 때에는 교사자와
피교사자 모두 예비 또는 음모에 준하여 처벌된다. 교사를 받은 자가 범죄의 승낙
을 하지 아니한 때에는 피교사자는 처벌되지 않고, 교사자만 예비 또는 음모에 준
하여 처벌한다(형법 제31조).

종범

종범이란 타인(정범)의 범죄를 방조한 자를 말하고, 보통 방조범이라고 한다. 방
조는 타인의 범죄수행에 편의를 주는 모든 행위를 말하는데, 주로는 정범의 범죄행
위에 대한 조언, 격려, 범행도구의 대여, 범행장소, 범죄자금의 대여 등이다. 종범의
형은 정범의 형보다 감경한다(형법 제32조).

최근에는 음주운전죄를 엄격하게 처벌하면서,[33] 음주운전의 방조범을 함께 처벌

---

32) '재력가 살인' 김형식 서울시 의원 무기징역 확정(경향신문 2015.8.19.자)

33) 도로교통법 제148조의2(벌칙) ① 제44조제1항 또는 제2항을 2회 이상 위반한 사람(자동차등 또는 노면전차를 운전한 사람
으로 한정한다)은 2년 이상 5년 이하의 징역이나 1천만원 이상 2천만원 이하의 벌금에 처한다.
② 술에 취한 상태에 있다고 인정할 만한 상당한 이유가 있는 사람으로서 제44조제2항에 따른 경찰공무원의 측정에 응하
지 아니하는 사람(자동차등 또는 노면전차를 운전하는 사람으로 한정한다)은 1년 이상 5년 이하의 징역이나 500만원 이상
2천만원 이하의 벌금에 처한다.
③ 제44조제1항을 위반하여 술에 취한 상태에서 자동차등 또는 노면전차를 운전한 사람은 다음 각 호의 구분에 따라 처벌
한다.

하는 여러 사례가 나오고 있다. 음주운전 방조의 유형으로는 첫째, 다른 사람이 음주운전을 하려한다는 것을 알면서도 열쇠를 건네주고 차량의 작동방법을 알려주는 등 음주운전을 용이하게 한 경우가 있다. 둘째, 앞에서 운전하면서 음주운전을 하는 차량을 호위하는 경우가 있다. 셋째, 함께 술을 마신 뒤 음주운전 차량에 동승한 경우도 음주운전 방조에 해당될 수 있다.

간접정범

간접정범은 어느 행위로 인하여 처벌되지 아니하는 자 또는 과실범으로 처벌되는 자를 교사 또는 방조하여 범죄행위의 결과를 발생하게 한 자를 말한다(형법 제34조 제1항). 즉 간접정범은 타인을 도구로 이용하여 범죄를 실현하는 정범형태를 말한다.

행위자가 자신은 직접적으로 범죄행위를 하지 않고, 14세 미만의 형사미성년자와 같이 범죄의 구성요건에 해당하는 행위를 하더라도 범죄가 성립되지 않은 자를 이용하였다면, 그 행위자는 간접정범이 된다. 예를 들면 범죄를 계획한 한 A가 초등학생인 B에게 C를 계단에서 밀어서 상해를 입히도록 시킨 경우를 들 수 있다. 이 때 B는 형사미성년자로 처벌받지 않게 되지만, A는 상해죄의 간접정범이 되어 처벌받게 된다.

또한 행위자가 과실범으로 처벌되는 자를 교사 또는 범죄행위의 결과를 발생하게 하는 경우에도 간접정범을 인정이 된다. 예를 들면 의사 A는 살인을 계획한 후 간호사 B가 환자 C에게 놓을 주사액에 주의를 태만히 하는 것을 기회로 주사액에 독극물을 넣었다. 그 후 간호사 B가 그 독극물이 들어간 주사액을 환자 C에게 주사하여 환자 C가 사망하였다. 이 때 간호사 B는 업무상 과실치사죄로 처벌을 받지만, 의사 A는 살인의 고의를 가지고 간호사 B를 이용하였으므로 살인죄의 간접정범이 된다.

간접정범이 한 행위가 교사행위인 경우 정범과 동일한 형으로 처벌받게 되고, 간접정범이 한 행위가 방조행위인 경우 정범의 형보다 감경하여 처벌받게 된다(형법 제34조 제1항).

---

1. 혈중알코올농도가 0.2퍼센트 이상인 사람은 2년 이상 5년 이하의 징역이나 1천만원 이상 2천만원 이하의 벌금
2. 혈중알코올농도가 0.08퍼센트 이상 0.2퍼센트 미만인 사람은 1년 이상 2년 이하의 징역이나 500만원 이상 1천만원 이하의 벌금
3. 혈중알코올농도가 0.03퍼센트 이상 0.08퍼센트 미만인 사람은 1년 이하의 징역이나 500만원 이하의 벌금
④ 제45조를 위반하여 약물로 인하여 정상적으로 운전하지 못할 우려가 있는 상태에서 자동차등 또는 노면전차를 운전한 사람은 3년 이하의 징역이나 1천만원 이하의 벌금에 처한다.

제3장

범죄의 결말인 형벌

형벌의 의의

범죄가 성립되면 형벌을 받게 된다. 그렇다면 형벌이란 무엇일까. 형벌이란 국가가 형벌권의 주체가 되어 범죄자에게 과하는 법익의 박탈을 말한다. 여기서 형벌권의 주체는 국가이고, 범죄자가 박탈당하는 법익으로는 생명, 자유, 재산권 등이 있다.

우리나라에서 인정되는 형벌로는 사형, 징역, 금고, 자격상실, 자격정지, 벌금, 구류, 과료, 몰수가 있다(형법 제41조). 형벌의 경중은 이 순서대로이다. 즉 사형이 가장 중한 형벌이고, 몰수가 가장 낮은 형벌이다. 부과된 형벌의 종류에 따라서 집행의 방법도 달라진다. 이제 우리나라의 9가지 형벌에 대하여 조금 더 구체적으로 알아보자.

사형

사형은 국가가 범인의 생명을 박탈하는 것을 내용으로 하는 형벌이다. 현재 형법 등 각종 형사법에는 사형이 규정되어 있다(입법부). 다만, 죄를 범할 당시 18세 미만인 소년에 대하여 사형 또는 무기형(無期刑)으로 처할 경우에는 15년의 유기징역으로 하고(소년법 제59조), 특정강력범죄를 범한 당시 18세 미만인 소년을 사형 또는 무기형에 처하여야 할 때에는 「소년법」 제59조에도 불구하고 그 형을 20년의 유기징역으로 한다(특정강력범죄의 처벌에 관한 특례법 제4조).

> **형법** 제98조(간첩) ① 적국을 위하여 간첩하거나 적국의 간첩을 방조한 자는 **사형**, 무기 또는 7년 이상의 징역에 처한다.
>
> **형법** 제250조(살인, 존속살해) ① 사람을 살해한 자는 **사형**, 무기 또는 5년 이상의 징역에 처한다.
>
> **형법** 제338조(강도살인·치사) 강도가 사람을 살해한 때에는 **사형** 또는 무기징역에 처한다. 사망에 이르게 한 때에는 무기 또는 10년 이상의 징역에 처한다.

법원은 강원도 GOP에서 총기를 난사하여 동료 병사 5명을 사망에 이르게 하고 7명을 다치게 한 임병장 등에게 사형을 선고하고 있다(사법부).

사형은 일반인의 경우에는 교정시설 안에서 교수(絞首 : 목을 졸라 죽임)하여 집

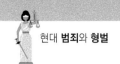

행하지만(형법 제66조), 군인의 경우에는 총살로써 집행한다(군형법 제3조). 사형의 집행은 법무부장관이 하는데, 1997년 12월 30일에 있었던 마지막 사형의 집행 이후, 지금까지 사형이 집행된 적이 없다(행정부). 이에 따라 현재 우리나라는 실질적 사형폐지국가로 분류되어 있고, 세계적으로도 사형제도를 폐지하는 추세이다.[34]

징역

징역은 범인의 신체적 자유를 박탈하는 것을 내용으로 하는 형벌이다. 징역은 교정시설에 수용하여 집행하며, 정해진 노역, 즉 일정한 육체적 작업에 복무하게 된다.

징역은 유기징역과 무기징역으로 구별된다. 양자는 기간에서 차이가 난다. 유기징역의 기간은 1개월 이상 30년 이하로 하되, 가중할 때에는 50년까지 가능하다.[35] 무기징역은 말 그대로 무기이므로 기간이 정해져 있지 않다.

유기징역과 무기징역은 모두 정해진 기간이 끝나기 전에 일정한 조건 하에 임시 석방이 가능한데, 이러한 임시 석방을 가석방(假釋放)이라고 한다. 징역의 집행 중에 있는 사람이 행상(行狀 : 하는 짓이나 태도)이 양호하여 뉘우침이 뚜렷한 때에는 무기형은 20년, 유기형은 형기의 3분의 1이 지난 후 행정처분으로 가석방을 할 수 있다.

금고

금고는 징역과 마찬가지로 범인의 신체적 자유를 박탈하는 것을 내용으로 하는 형벌이다. 금고는 교정시설에 수용하여 집행하지만, 정역에 복무할 의무가 없다. 이 부분만 징역과 차이가 있고, 그 외에는 징역에 대한 설명이 그대로 적용된다.

금고형은 주로 교통사고와 같은 과실범이나 상대적으로 가벼운 범죄의 형벌로 규정되어 있다.

> **형법 제267조(과실치사)** 과실로 인하여 사람을 사망에 이르게 한 자는 2년 이하의 <u>금고</u> 또는 700만원 이하의 벌금에 처한다.
>
> **형법 제268조(업무상과실·중과실 치사상)** 업무상과실 또는 중대한 과실로 인하여 사람을

---

34) 인권위의 사형제 폐지 의견, 이번에는 헌재가 수용해야(경향신문 2021.2.3.)

35) 징역 45년… 역대 최장 유기징역형 나왔다(조선일보 2019.11.29.)

사상에 이르게 한 자는 5년 이하의 금고 또는 2천만원 이하의 벌금에 처한다.

형법 제307조(명예훼손) ①공연히 사실을 적시하여 사람의 명예를 훼손한 자는 2년 이하의 징역이나 금고 또는 500만원 이하의 벌금에 처한다.

형법 제311조(모욕) 공연히 사람을 모욕한 자는 1년 이하의 징역이나 금고 또는 200만원 이하의 벌금에 처한다.

자격상실

자격상실은 일정한 형벌을 선고받았을 때 그에 대한 부수효과로서 일정한 자격이 상실되는 형벌이다. 즉 범인이 사형, 무기징역 또는 무기금고의 판결을 받은 경우에는 공무원이 되는 자격, 공법상의 선거권과 피선거권, 법률로 요건을 정한 공법상의 업무에 관한 자격, 법인의 이사, 감사, 또는 지배인 기타 법인의 업무에 관한 검사역이나 재산관리인이 되는 자격이 상실된다.

자격정지

자격정지는 일정한 자격의 전부 또는 일부를 1년 이상 15년 이하의 기간 동안 정지시키는 형벌이다. 유기징역 또는 유기금고의 선고를 받은 자는 그 형의 집행이 종료하거나 면제될 때까지 공무원이 되는 자격, 공법상의 선거권과 피선거권, 법률로 요건을 정한 공법상의 업무에 관한 자격이 자동적으로 정지된다. 한편 법원은 판결을 통해서 1년 이상 15년 이하의 기간 동안 일정한 자격을 정지시킬 수도 있다.

벌금

벌금은 범인에게 일정한 금액을 국가에 납부하도록 강제하는 것을 내용으로 하는 형벌이다. 벌금은 5만 원 이상으로 하되 상한은 정해져 있지 않다. 벌금형을 선고받은 사람은 판결확정일로부터 30일 이내에 납입하여야 한다.

만약 벌금을 납입하지 않은 경우에는 1일 이상 3년 이하의 기간 동안 노역장에 유치하여 작업에 복무하게 된다(환형유치).[36] 선고하는 벌금이 1억원 이상 5억원 미만인 경우에는 300일 이상, 5억원 이상 50억원 미만인 경우에는 500일 이상, 50억원 이상인 경우에는 1천일 이상의 노역장 유치기간을 정하여야 한다. 한편, 500만 원 이

---

36) [사법불신, 벌금형도 문제다(중)] 상한 없고 유치기간 최대 3년(서울경제 2018.12.10.)

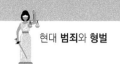
내의 벌금액을 미납한 자 중 경제적 형편이 어려워 벌금을 납부할 수 없는 자의 경우 노역장 유치를 사회봉사로 대신하여 집행할 수 있다(벌금미납자의 사회봉사 집행에 관한 특례법).

참고로, 벌금 이외에도 과태료, 과징금, 범칙금, 세금 등과 국민들이 국가에 강제적으로 납부해야 하는 것이 있다.

우선, 과태료는 국가 또는 지방자치단체가 행정법상 질서위반행위에 대하여 부과, 징수하는 금전이다. 예를 들면 유통기한을 경과한 식품을 진열 또는 판매하는 경우 지방자차단체장은 30만 원 이하의 과태료를 부과할 수 있다. 과징금 역시 행정법상 의무불이행에 대한 제재이지만, 과태료와 달리 의무위반으로 발생한 경제적 이익을 상쇄하기 위해 부과되는 경향이 있다. 회사들이 물건 값을 인상하기로 담합할 경우, 공정거래위원회로부터 과징금을 부과 받을 수 있다.

범칙금은 경범죄처벌법, 도로교통법 등을 위반하였을 때 부과되는 금전을 말한다. 일상생활에서 흔히 일어나는 경미한 범죄행위를 행한 자를 형벌로 다스리기 보다는 범칙금을 부과함으로써 경미한 범죄행위를 사전에 막으려는데 그 목적이 있다. 범칙자가 통고처분을 받고 해당 기간 내에 범칙금을 납부하면 해당 범칙행위에 대한 제재가 끝난다. 그렇지만 범칙자가 이를 이행하지 않으면, 형사처벌 절차가 진행된다. 주로 현장을 단속하는 경찰관이 부과한다.[37]

세금은 국가나 지방자치단체가 필요한 일반경비 및 특정목적 경비를 조달하기 위하여 구체적인 개별적 반대급부 없이 납세의무자인 개인 또는 법인으로부터 강제적으로 거두어들이는 금전적 부담을 말한다. 따라서 세금은 원칙적으로 범죄와 무관하게 국민의 의무로서 납부하는 것이다. 납세의무자가 세금을 내지 않을 경우 조세범처벌법에 따라 처벌받을 수는 있다.

구류

구류는 금고와 마찬가지로 노역이 없이 범인을 교정시설에 수용하여 집행한다. 다만 구류는 그 기간이 1일에서 30일 미만으로 징역, 금고에 비해 상당히 짧다는 것을 특징으로 한다. 주로 경미한 범죄에는 벌금이 부과되는데, 구류는 경미한 범죄이면서도 벌금으로는 교화, 개선이 어려울 경우에 선고된다. 최근 법원은 은행 직원에서 소란을 피우고 폭행한 30대 고객에게 구류 5일을 선고한 경우가 있다.[38]

---

37) 미납 범칙금 조회 : 경찰청교통민원24(https://www.efine.go.kr/main/main.do)

38) 112에 허위 신고 30대 남성에 구류 3일 선고(서울신문 2017.7.13.)

과료

과료는 벌금처럼 범인에게 일정한 금액을 국가에 납부하도록 강제하는 것을 내용으로 하는 형벌이다. 금액 면에서 벌금과 차이가 있을 뿐이다. 과료는 2천 원 이상 5만원 미만으로 한다.[39] 그렇지만 오늘날 과료는 형벌로서의 기능을 수행하기 어려워 사실상 사문화된 형벌이 되었다.

몰수

몰수는 범죄행위에 제공하였거나 제공하려고 한 물건이나 범죄행위로 인하여 생겼거나 취득한 물건 등을 국가가 강제로 박탈하는 것을 내용으로 하는 형벌이다. 몰수형의 가장 큰 특징은 항상 다른 형벌에 부가하여 선고된다는 것이다. 예를 들면 뇌물죄로 유죄를 선고받은 공무원에 대하여 징역 3년을 선고하고, 이에 부가하여 뇌물로 받은 금액 5,000만원과 자동차를 몰수하도록 하는 것이다. 최근에는 불법 음란물 사이트 운영자로부터 범죄수익으로 압수한 비트코인을 범죄수익으로 인정하여 몰수판결을 내린 사례도 있다.[40]

그러나 몰수하여야 할 물건을 몰수할 수 없을 때에는 그 물건이 얼마인지 가액을 계산하여 가액을 징수할 수 있는데 이를 추징이라고 한다. 즉, 추징은 형벌인 몰수의 취지를 관철하기 위한 일종의 사법처분이다. 범죄로 인한 불법재산을 철저히 환수하기 위해서 공무원범죄에 관한 몰수 특례법(일명 전두환 추징법)이 제정되어 운용되고 있다.[41]

---

39) 황제노역 여전한데…과료 3만원 못내 노역장 수감(국민일보 2018.10.14.)

40) 범죄수익 몰수 '2억7천만원' 비트코인…4년 만에 '120억원'에 팔아 국고 귀속(경향신문 2021.4.1.)

41) 전두환 추징금 올해 35억 환수…970억원 남았다(한겨레 2020.12.31.)

2. 양형과 선고유예·집행유예

양형

법률은 하나의 범죄에 대해서 내릴 수 있는 형벌을 단정하고 있지 않고, 형벌의 종류와 범위를 규정하고 있다. 예를 들어 형법 제250조 제1항은 "사람을 살해한 자는 사형, 무기 또는 5년 이상의 징역에 처한다."라고 규정하고 있다. 이에 구체적인 사건에서 법원은 범죄가 성립되었다고 인정되면, 그 형벌의 종류와 형벌의 양을 결정해야 한다. 이것을 양형이라고 한다.

법원이 양형, 즉 형벌을 정함에 있어 참작하여야 하는 것을 양형의 조건이라고 한다. 양형의 조건으로는 ① 범인의 연령, 성행, 지능과 환경, ② 피해자에 대한 관계, ③ 범행의 동기, 수단과 결과, ④ 범행 후의 정황 등이 있다(형법 제51조). 그런데 법원 또는 법관에 따라 양형이 달라 사법의 공정성 등에 비판이 제기되었다. 이에 대법원은 국민이 신뢰할 수 있는 공정하고 객관적인 양형기준을 마련하기 위하여 대법원 양형위원회를 설립하여 운영하고 있다. 양형위원회는 개별 범죄별로 범죄의 특성을 반영할 수 있는 별도의 양형기준을 만들고 있는데, 범죄의 발생빈도가 높거나 사회적으로 중요한 범죄의 양형기준을 우선 설정하고 점진적으로 양형기준 설정 범위를 확대하고 있다. 현재 살인, 뇌물, 성범죄, 횡령·배임, 절도, 사기, 선거, 교통 등 주요 범죄의 양형기준이 시행 중이다.

형의 선고유예

어떤 행위가 범죄로 인정되면, 그 범인은 형벌을 받게 된다. 그렇지만 범죄가 경미한 경우에 법원은 유죄는 인정하지만, 형의 선고 자체를 유예할 수 있다. 이를 선고유예라고 한다. 유예의 사전적 의미는 일을 결행하는 데 날짜나 시간을 미룬다는 의미이다. 선고유예는 그 판결을 받은 날로부터 2년을 경과한 때에는 면소(免訴)된 것으로 본다. 곧 유죄판결의 선고가 없었던 것과 똑같은 효력이 있다.

법원이 선고유예를 하려면 다음과 같은 요건을 충족해야 한다. 첫째, 1년 이하의 징역이나 금고, 자격정지 또는 벌금의 형을 선고할 경우임을 요한다. 둘째, 양형의 조건을 고려하여 뉘우치는 정상이 뚜렷하여야 한다. 셋째, 자격정지 이상의 형을 받은 전과(前科)가 없어야 한다(형법 제59조 제1항). 형의 선고를 유예하는 경우에 재범방지를 위하여 지도 및 원호가 필요한 때에는 보호관찰을 받을 것을 명할 수 있다. 이 경우에 보호관찰의 기간은 1년으로 한다.

법원은 선고유예를 내린 사례로는 직원의 월급을 주지 않아 근로기준법 위반 등으로 기소되어 재판을 받은 전직 장관에게 직원들에게 밀린 임금 등을 대부분 지급했다는 점과 초범이며 반성하는 점 등을 고려하여 벌금 100만원의 선고를 유예하였다.[42] 또 수입이 없어 마트에서 쌀 한 포대를 훔치다 들킨 20대 여성에게 피해액이 비교적 크지 않고 범행이 미수에 그친 점, 피해자가 수사기관에서 피고인에 대한 처벌을 원하지 않는다는 의사를 표시했고 생계 방편으로 범행에 이르게 된 것으로 보이는 점 등을 참작하여, 징역 3월의 선고를 유예하였다.[43]

형의 집행유예

원래 범죄를 범한 자는 그에 상응한 형의 선고를 받고 또 그 집행을 받는 것이 당연하다. 그러나 범죄의 정상에 따라서는 반드시 현실로 형을 집행하여야 할 필요가 없는 경우도 적지 않다. 특히 우발적인 원인에 의하여 비교적 경미한 죄를 범한 초범자로서 이미 십분 후회하고 재범의 우려가 없는 자에 대하여서까지 일률적으로 형을 집행하면 오히려 교도소 내에서의 악감화(惡感化)를 받아 진짜 범죄인으로 만들 위험이 있다. 이와 같은 폐해를 피하기 위하여 집행유예의 제도가 이용되고 있다. 집행유예는 유죄도 인정하고, 형도 선고하지만, 1년 이상 5년 이하의 기간 동안 형의 집행을 유예하는 것이다. 만약 징역의 집행을 유예한다면, 유예기간 동안 교도소에 가는 것을 미루게 되고, 그 집행유예의 선고의 실효 또는 취소 없이 유예기간만 경과시키면 형의 선고는 효력을 잃는다.

법원이 집행유예를 하려면 다음과 같은 요건을 충족해야 한다. 첫째, 3년 이하의 징역 또는 금고 또는 500만원 이하의 벌금의 형을 선고할 경우여야 한다. 둘째, 양형의 조건을 참작하여 정상에 참작할 만한 사유가 있어야 한다. 셋째, 금고 이상의 형을 선고한 판결이 확정된 때부터 그 집행을 종료하거나 면제된 후 3년까지의 기간에 범한 죄가 아니어야 한다.[44]

형의 집행을 유예하는 경우에는 보호관찰을 받을 것을 명하거나 사회봉사 또는 수강을 명할 수 있다. 만약, 집행유예선고를 받은 자가 유예기간 중 고의로 범한 죄로 금고 이상의 실형을 선고받아 그 판결이 확정되면 집행유예는 실효되고, 그가 선

42) 직원 월급 안 줘 재판받은 전직 장관…법원 유죄 인정(뉴스1, 2018.6.30.)

43) 수입없어 마트서 쌀 훔치려 한 20대 징역 3월형 선고유예(세계일보, 2021.6.28.)

44) '무단횡단 항의'에… 화물차 기사 때린 50대 집행유예(세계일보 2021.8.3.)

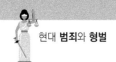

고받은 징역 또는 금고의 집행을 받아야 한다. 또한 집행유예의 선고를 받은 후 위의 셋째 요건이 발각된 때에는 **집행유예의 선고를 취소한다.** 또한 보호관찰이나 사회봉사 또는 수강을 명한 집행유예를 받은 자가 준수사항이나 명령을 위반하고 그 정도가 무거운 때에는 집행유예의 선고를 취소할 수 있다.[45]

법원이 '선거법 위반으로 구속기소된 모 군수에게 징역 6개월에 집행유예 2년 선고' '강제추행으로 기소된 연예인 이모씨에게 징역 1년에 집행유예 2년 선고' '음주교통사망사고를 낸 여성에게 금고 8월에 집행유예 2년' 등과 같이 징역이나 금고에 집행유예를 선고한 예는 매우 많다.

---

45) 울산보호관찰소, 준수사항 위반 보호관찰대상자 집행유예 취소 신청(2021.5.3.)

3. 전과기록

전과기록

종종 "A는 전과자이다." "벌금형만 받아도 전과기록이 남는다."와 같은 말을 듣는다. 그렇다면 전과란 무엇일까. 보통 전과(前科)란 이전에 죄를 범하여 재판에 의하여 확정된 형벌의 전력을 말한다. 현재 전과기록과 관련된 법률로는 형의 실효 등에 관한 법률(약칭 : 형실효법)이 있는데, 이 법에서 전과기록은 수형인명부, 수형인명표, 범죄경력자료를 말한다.

수형인명부란 자격정지 이상의 형을 받은 수형인을 기재한 명부로서 검찰청 및 군검찰부에서 관리하는 것을 말한다. 수형인명표란 자격정지 이상의 형을 받은 수형인을 기재한 명표로서 수형인의 등록기준지 시·구·읍·면 사무소에서 관리하는 것을 말한다. 실제로 수형인이 살고 있는 시·구·읍·면 사무소의 민원부서에서 수형인명표를 관리하고 있다.

범죄경력자료는 수사자료표 중 일부이다. 수사자료표는 수사기관이 피의자의 지문을 채취하고 피의자의 인적사항과 죄명 등을 기재한 표(전산입력되어 관리되거나 자기테이프, 마이크로필름, 그 밖에 이와 유사한 매체에 기록·저장된 표를 포함한다)로서 경찰청에서 관리하는 것을 말한다. 범죄경력자료는 수사자료표 중 ① 벌금 이상의 형의 선고, 면제 및 선고유예, ② 보호감호, 치료감호, 보호관찰, ③ 선고유예의 실효, ④ 집행유예의 취소, ⑤ 벌금 이상의 형과 함께 부과된 몰수, 추징, 사회봉사명령, 수강명령 등의 선고 또는 처분에 관한 자료를 말한다.

사형, 징역, 금고의 효과

한 사람이 범죄를 저질러서 법원으로부터 사형, 징역, 금고 등의 형벌을 선고받았다면, 그가 받은 형벌은 모든 전과기록, 즉 수형인명부, 수형인명표, 범죄경력자료에 기록되어, 추후에 그가 다른 범죄의 수사나 재판을 받을 때 활용된다.

대학생들 중 상당수가 공무원시험 준비를 하고 있는 것은 잘 알려진 사실이다. 그런데 국가공무원법과 지방공무원법에 의하면 ① 금고 이상의 실형을 선고받고 그 집행이 종료되거나 집행을 받지 아니하기로 확정된 후 5년이 지나지 아니한 자, ② 금고 이상의 형을 선고받고 그 집행유예 기간이 끝난 날부터 2년이 지나지 아니한 자, ③ 금고 이상의 형의 선고유예를 받은 경우에 그 선고유예 기간 중에 있는

자에 해당하는 자는 공무원으로 임용될 수 없다.[46]

한편, 한번 범죄를 범하여 처벌받은 사람이 다시 범죄를 범하면 누범이 된다. 우리 형법은 금고 이상의 형을 선고받아 그 집행이 종료되거나 면제된 후 3년 이내에 다시 금고 이상의 형에 해당하는 죄를 지은 사람은 누범으로 그 죄에 정한 형의 장기의 2배 까지 가중하여 처벌한다(형법 제35조).[47] 누범은 반복된 처벌을 의미한다는 점에서, 반복된 범죄에 징표된 범죄경향을 의미하는 상습범과 구분된다.

구체적으로 누범으로 처벌된 사례를 보자. A씨는 자동차방화죄로 징역형을 살고 출소한지 3년이 지나지 않아 누범기간에 여탕을 훔쳐봤다. 성폭력 범죄의 처벌 등에 관한 특례법상 '성적 목적을 위한 공공장소 침입죄'의 경우 1년 이하 징역 또는 300만원 이하 벌금에 처하도록 되어 있는데, 법원은 성폭행 전과가 있고 누범기간인 점을 고려해 실형을 선고하였다.[48]

벌금, 구류, 과료, 몰수의 효과

많은 사람들은 벌금형에 대해서 가볍게 생각한다. 그렇지만 벌금도 엄연한 형벌이므로, 범죄경력자료 등에 기재된다. 다만, 범죄경력자료를 조회할 수 있는 경우는 범죄수사나 재판의 경우에 한정된다.

구류, 과료, 몰수의 경우는 범죄경력자료에도 기재되지 않고, 단지 수사자료표에만 기재된다. 역시 범죄수사나 재판을 위해서만 조회가 허용된다.

형의 실효

형의 선고 후에 형의 집행이 종료되거나 가석방기간이 만료되면 형은 소멸한다. 더 이상 형벌을 받지 않는다는 의미이다. 그런데 형의 선고로 인한 전과기록은 그대로 남아 여러 가지 자격의 제한이나 사회생활상의 불이익이 발생할 수 있다. 그래서 전과사실을 말소시켜 그 자격을 회복시키고 전과자의 정상적인 사회복귀를 보장하기 위해서 형의 실효라는 제도가 마련되어 있다. 수형인이 자격정지 이상의 형을 받지 아니하고 형의 집행을 종료하거나 그 집행이 면제된 날부터 ① 3년을 초과하는 징역·금고는 10년, ② 3년 이하의 징역·금고는 5년, ③ 벌금은 2년이 경과한 때에 그 형은 실효된다. 다만, 구류와 과료는 형의 집행을 종료하거나 그 집행이

---

46) 노량진 일대 20·30대 범죄율이 낮은 이유… "임용 때 불이익 받을라" 공시생들 몸조심(경향신문 2015.1.11.)

47) 누범기간 또 음주운전 한 50대 벌금형 → 징역형(KBS NEWS 2019.12.8.)

48) '여탕 5분간 훔쳐 본 죄' 50대 항소심도 실형(연합뉴스 2014.8.10.)

면제된 때에 그 형이 실효된다. 이렇게 형이 실효되면 수형인명부의 해당란을 삭제하고 수형인명표를 폐기한다.

 4. 보안처분

보안처분의 의의

　범죄가 성립되면 형벌을 받게 된다. 그런데 이러한 형벌로써 행위자, 즉 범죄인의 사회복귀나 범죄로부터의 사회방위가 불가능하거나 충분하지 않은 경우가 있다. 이러한 경우에 범죄행위자 또는 장래 범죄의 위험성이 있는 자에게 부과되는 형벌 외의 범죄예방처분을 보안처분이라고 한다. 우리 헌법 제12조 제1항은 "모든 국민은 신체의 자유를 가진다. 누구든지 법률에 의하지 아니하고는 체포·구속·압수·수색 또는 심문을 받지 아니하며, 법률과 적법한 절차에 의하지 아니하고는 처벌·보안처분 또는 강제노역을 받지 아니한다."라고 규정하고 있다.

　현재 대표적인 보안처분으로는 보호관찰, 수강명령, 사회봉사명령, 치료감호, 전자감독, 소년원 송치 등이 있다. 보안처분을 주로 담당하는 곳은 법무부 범죄예방정책국이다.

보호관찰

　현재 범죄인 중 상당수는 적절한 지원이 없는 가정환경, 학교에서의 또래환경, 음주·흡연 등 다양한 원인이 복합적으로 작용하여 범죄를 저지르게 된다. 이들에게 범죄의 대가로 선고되는 징역 등의 형벌은 재범방지 및 사회복귀에 큰 도움이 되지 못한다. 보호관찰은 범죄인들이 정상적인 사회생활을 영위하도록 하면서, 보호관찰관의 지도, 감독 및 원호를 통하여 범죄성이나 비행성을 교정하고 재범을 방지하도록 하는 형사정책수단이다.

　보호관찰의 대상자가 되는 사람은 주로 보호관찰을 조건으로 형의 선고유예, 집행유예를 받은 사람, 보호관찰을 조건으로 가석방된 사람, 소년법상 보호관찰관의 보호관찰처분을 받을 사람 등이다. 보호관찰 대상자의 준수사항으로는 ① 주거지에 상주(常住)하고 생업에 종사할 것, ② 범죄로 이어지기 쉬운 나쁜 습관을 버리고 선행을 하며 범죄를 저지를 염려가 있는 사람들과 교제하거나 어울리지 말 것, ③ 보호관찰관의 지도·감독에 따르고 방문하면 응대할 것, ④ 주거를 이전하거나 1개월 이상 국내외 여행을 할 때에는 미리 보호관찰관에게 신고할 것 등이 있다(보호관찰 등에 관한 법률 제32조).

　성인범죄자에 대한 보호관찰은 재범방지를 위한 엄격한 법집행과 함께 다양한 사회정착 지원을 통해 정상적인 사회생활을 할 수 있도록 하는 것이다. 반면, 소년에 대한 보호관찰은 비행의 반복성을 억제하여 성인범죄자로의 발전을 방지하기 위해 상습성이 고착되기 이전인 청소년기의 다양한 발달과정에 미리 개입하는 것을 목적으로 한다. 실제 보호관찰을 받고 있는 소년이 검정고시 공부를 위해 담당 판사에게 보호관찰 기간을 1년 더 연장해 달라는 편지를 보냈고, 법원은 이를 받아들인 사례가 있다.[49]

수강명령

수강명령은 범죄성의 개선이 필요한 자에게 일정시간 동안 위한 치료와 교육을 받도록 명하는 제도이다. 수강명령을 받은 자들에게 구체적으로는 강의, 체험학습, 심신훈련 등 범죄성 개선을 위한 교육을 실시하고 있다.

분야	내용
성폭력 치료 프로그램	성에 대한 왜곡된 생각 수정, 건강한 성, 자존감 향상 등
가정폭력 치료 프로그램	가정폭력의 범죄성 인식, 폭력행위 인정 및 재발방지 교육 등
약물 / 마약 / 알코올 치료프로그램	약물 등 오·남용에 대한 이해 증진, 단약·단주 결심 유도와 강화 등
준법운전 프로그램	바람직한 운전습관, 교통사고 재발방지, 음주운전 예방 등
소년 수강 프로그램	문제 상황 해결하기, 직업체험, 미술치료 등
존-스쿨 교육 프로그램	인권감수성 향상과 성매매 관련 그릇된 통념 교정 등
정신심리 및 폭력치료 프로그램	화 다스리기, 의사소통, 신경이완요법, 신뢰감 형성하기 등
도박치료 프로그램	도박관련 척도와 심리검사, 중독의 원인과 과정에 대한 이해 등
성매매 여성 프로그램	성매매의 위법성, 경제생활 교육, 약물과 알코올 중독 예방 교육 등
보호자 특별 교육	적극적 부모역할의 이해, 바람직한 의사소통기술 이해 등

사회봉사명령

사회봉사명령은 유죄가 인정된 사람에 대하여 교도소 등에 구금하는 대신 정상

---

49) '보호관찰 늘려 주세요'…꿈 생긴 15세 판사에 편지(연합뉴스 2014.4.10.)

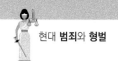

적인 생활을 하면서 일정시간 무보수로 사회에 유익한 근로를 하도록 명하는 제도이다. 사회봉사명령은 범죄피해의 배상 및 속죄의 기회를 줄 뿐 아니라 근로의식을 함양시키고 자긍심을 회복하도록 하여 건전한 사회복귀를 촉진시킨다. 사회봉사명령을 받은 경우 농·어촌 지원(농·어촌 지역 모내기, 벼 베기, 농작물 재배, 과실 수확, 농수로 정비, 농가환경개선, 마을 청소 및 공동시설 보수 등), 소외계층 지원(목욕, 이·미용, 빨래, 청소, 무료급식, 가사 지원활동 등), 긴급재난복구 지원(자연 재해 및 대형 재난 발생 시 복구 활동 등), 복지시설 지원(노인·아동·장애인 등 복지시설 지원활동 등), 주거환경개선 지원(집수리, 도배·장판·방충망 교체, 도색, 청소 등), 지역사회 지원 및 기타 공익 지원(지역 환경정화활동, 공익적 목적의 행사보조 등) 등을 하게 된다.

치료감호

치료감호는 심신장애자, 약물중독자, 정신성적 장애자(소아성기호증, 성적 가학증 등 성적인 성벽이 있는 자) 등을 치료감호소에 수용하여 치료하는 보안처분이다(치료감호 등에 관한 법률). 현재 충청남도 공주시에 국립법무병원 치료감호소가 유일하게 치료감호를 수행하고 있다.[50]

전자감독

성폭력 사범의 경우 형벌 및 다른 보안처분만으로는 재범을 억제하기 어려운 것이 사실이다. 이에 성폭력 범죄로 인한 피해예방 및 성폭력범죄에 대한 국민적 불안감을 해소하기 위해 도입된 것이 바로 전자감독이다. 이는 성범죄자의 신체에 전자장치(일명 '전자발찌')를 부착하여 24시간 대상자의 위치, 이동경로를 파악하고, 보호관찰관이 밀착지도, 감독하는 것이다. 최근에는 성폭력범 이외에도 미성년자 유괴범, 살인범, 강도범 등으로 그 대상자를 확대하고 있는 추세이다.[51] 이에 대한 법률로 전자장치 부착 등에 관한 법률이 있다.

소년원 송치

소년원 송치는 법원 소년부 판사가 소년의 성행 및 환경개선을 위하여 국가가 적

---

50) 어머니 살해한 조현병 30대에 '무죄·치료감호 명령'(한겨레 2021.7.6.)

51) AI가 전자감독 대상자 관리한다…법무부 시스템 마련(연합뉴스 2021.6.28.)

극적으로 보호할 필요가 있다고 인정될 때 내리는 보호처분 중 하나이다. 주로 14세 이상 19세 미만의 죄를 범한 소년 중 벌금형 이하 또는 보호처분 대상 소년(범죄소년), 형벌 법령에 저촉되는 행위를 한 10세 이상 14세 미만의 소년(촉법소년), 그 성격 또는 환경에 비추어 형벌법령에 저촉되는 행위를 할 우려가 있는 10세 이상 19세 미만의 소년 중 집단으로 몰려다니며 주위에 불안감을 조성하는 성벽이 있거나, 정당한 이유없이 가출하거나, 술을 마시고 소란을 피우거나 유해환경에 접하는 성벽이 있는 소년(우범소년)에게 내려진다. 최근에 사회적으로 물의를 일으키고 있는 촉법소년들이 소년원에 수용되고 있는 경우가 적지 않다.[52]

소년원에서는 소년교도소에서 정역에 복무하는 것과 달리, 중·고등학교 교과교육, 검정고시 등 교육을 받게 된다.

● 소년의 보호사건 처리절차

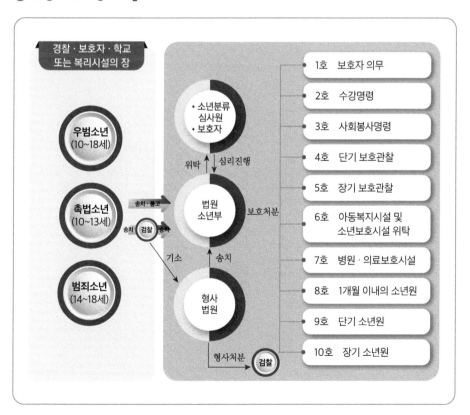

---

52) "나 촉법소년이야"… '법 경시' 10대들 잇달아 소년원으로(세계일보, 2021.6.17.)

제4장

범죄에 대한 수사

형사절차

보통 사람들은 범죄가 발생하면 경찰에 신고하는 것까지만 생각한다. 그런데 범죄가 발생하면 범죄인에 대한 형사제재 여부를 결정하기 위한 일련의 절차가 발동된다. 이를 형사절차라고 하며 이에 관하여 규정하고 있는 법률이 형사소송법이다. 일반적으로 형사절차는 범죄수사 → 형사재판 → 형집행이라는 순서로 진행된다. 보다 구체적으로 살펴보면, 다음과 같다.

첫째, 범인이 범죄를 저지른다. 그런데 사기죄와 같이 피해자가 범죄를 인식하지 못하는 경우도 있고, 성범죄와 같이 피해자가 경찰에 신고하기를 꺼려하는 경우도 있다. 모든 범죄에 대한 형사절차가 개시되는 것은 아니다.[53]

둘째, 경찰(사법경찰관) 또는 검사의 수사가 이루어진다. 피해자의 고소, 제3자의 고발, 경찰의 사건인지 등으로 수사가 개시된다. 이를 통상 입건이라고 한다. 입건을 할 때, 피의자를 불구속하는 것이 원칙이다. 뉴스 등에서 '불구속 입건' 되었다는 말은 피의자를 구속하지 않고 수사를 시작하였다는 의미이다. 경찰(사법경찰관) 또는 검사의 수사는 기소, 불기소로 종결된다. 기소는 수사한 사건을 형사재판에 회부하는 것이고, 불기소는 사건을 형사재판에 회부하지 않고 수사만으로 마무리한다는 뜻이다.

셋째, 법원에서 재판이 진행된다. 1심에서 유죄, 무죄가 결정되면, 피고인 측과 검사 측은 각각 2심 법원에 항소, 3심 법원인 대법원에 상고할 수 있다.

넷째, 형벌이 내려진 경우 형벌을 집행하게 된다. 형벌의 집행은 법무부장관이 주도한다.

참고로 범인은 형사절차에 따라 다르게 칭하여진다. 사건이 발행하여 범인으로 의심은 되지만 뚜렷한 혐의가 아직 발견되지 않았으나 내부적으로 조사의 대상이 되는 사람을 '용의자(또는 피내사자)'라고 한다. 그 후 수사기관에 의하여 수사대상이 되면 '피의자'라고 한다. 수사결과 공소가 제기된 자를 '피고인'이라고 한다. 따라서 형사재판을 받는 자들이 이들이다. 마지막으로 유죄판결을 받아 형벌을 선고받고 그 형벌의 집행을 받는 자를 '수형자'라고 한다.

---

53) [범죄통계 문제없나 上] "미성년 범죄 피해 늘어도 정확히는 몰라"(뉴스1 2021.5.6.)

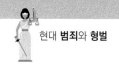

수사권자

일상생활 속에서 정말 자주 듣는 수사란 무엇일까. 수사란 범죄가 발생하였거나 발생한 것으로 생각되는 경우에 범죄의 혐의 유무를 밝혀 공소의 제기와 유지여부를 결정하기 위하여 범인과 증거를 찾고 수집하는 수사기관의 활동을 말한다. 여기서 수사기관은 검사와 사법경찰관이다. 검사는 부패·경제·공직자·선거·방위사업·대형참사의 6대 범죄와 경찰공무원 범죄만 수사하고, 그 외 범죄는 경찰이 수사한다. 그리고 대통령, 국회의원, 판사 검사 등 고위공직자의 뇌물죄 등 고위공직자 관련범죄에 대해서는 고위공직자범죄수사처 검사가 수사권을 갖는다.[54]

수사의 단서

수사기관인 사법경찰관 등은 통상 범죄혐의의 근거인 수사의 단서라는 것이 있을 때에 수사를 시작한다. 수사의 단서에는 현행범 체포, 변사자 검시, 불심검문, 언론 보도, 풍문, 범인의 자수 등 여러 가지가 있다. 고소와 고발도 수사의 단서 가운데 하나이다.

고소는 범죄의 피해자 또는 그와 일정한 관계에 있는 고소권자가 수사기관에 범죄사실을 신고하여 범인의 처벌을 원한다는 의사표시를 하는 것이다. 고소권자는 피해자, 법정대리인, 배우자, 직계친족 또는 형제자매이다. 범죄 중 피해자 기타 고소권자의 고소가 있어야 검사의 공소제기가 가능한 범죄가 있다. 사자명예훼손죄(형법 제308조, 제312조), 모욕죄(제311조, 제312조), 업무상 비밀누설죄(형법 제317조, 제318조), 친족상도례(형법 제329조, 제328조) 등이 이러한 범죄이다. 이와 같이 고소가 있어야 공소제기를 할 수 있는 범죄를 친고죄라고 한다. 고소와 관련하여 주의해야 할 것이 있다. 타인으로 하여금 형사처분 또는 징계처분을 받게 할 목적으로 공무소 또는 공무원에게 허위의 사실을 신고하는 것은 무고죄가 되고, 10년 이하의 징역 또는 1천 500만 원 이하의 벌금을 받을 수 있게 된다(형법 제156조).

한편, 피해자의 의사와 관계없이 공소제기를 할 수는 있지만 피해자의 명시한 의사에 반하여 공소를 제기할 수 없는 범죄가 있는데, 이를 반의사불벌죄라고 한다. 그 예로는 폭행죄(형법 제260조), 과실치상죄(형법 제266조), 협박죄(형법 제283조), 명예훼손죄(형법 제307조, 제312조) 등이 있다. 그러나 폭행죄를 반의사불벌죄로

---

54) 대검찰청 https://www.spo.go.kr/site/spo/main.do
경찰청 경찰민원포털 https://minwon.police.go.kr/
고위공직자범죄수사처 https://cio.go.kr/

규정하고 있는 관계로 가정폭력, 데이트폭력 등도 피해자가 범인과의 관계상 처벌을 원하지 않는다는 의사표시만 하면 처벌할 수 없게 된다. 이에 최근에는 **가정폭력 방지 및 피해자보호 등에 관한 법률**에 폭행죄에 대해선 반의사불벌죄 적용을 폐지, 피해자가 명시한 의사에 반해도 공소를 제기할 수 있는 조항을 신설하고자 하는 움직임이 있다.[55]

고발은 피해자 이외의 제3자가 수사기관에 범죄사실을 신고하는 것을 말한다. 예를 들어 범죄의 목격자, 장애인을 상대로 한 범죄사실을 인지한 장애인단체, 환경범죄를 신고한 환경단체 등이 신고할 경우 이를 고발이라고 한다.

---

55) 경찰 56% "반의사불벌죄로 가정폭력 대응 어려워"(세계일보 2019.2.12.)

2. 수사의 진행

범죄수사의 방법

수사의 방법은 크게 임의수사와 강제수사로 나누어 볼 수 있다. 강제력을 행사하지 않고 상대방의 동의나 승낙을 받아서 임의로 조사하는 것을 임의수사라고 하고, 반대로 강제력이 수반된 강제처분에 의하여 조사하는 것을 강제수사라고 한다. 강제력을 동원하는 만큼 강제수사는 임의수사에 비해 인권침해의 우려가 큰 것이 사실이다. 그러므로 수사는 원칙적으로 임의수사에 의하고, 강제수사는 법률에 규정된 경우에 한하여 예외적으로 허용되는 것이 원칙이다. 이를 임의수사의 원칙 또는 강제수사법정주의라고 한다.

임의수사

임의수사의 방법으로는 피의자 신문과 참고인 조사가 있다.

피의자 신문은 수사기관은 입건된 피의자를 소환하여 신문하는 것이다. 영상녹화도 가능하다. 피의자 신문을 할 경우 수사기관은 먼저 피의자에게 진술거부권을 고지하여야 하며, 피의자가 변호인의 참여를 신청한 때에는 정당한 사유가 없는 한 신문에 변호인을 참여시켜야 한다. 이 과정에서 진술한 것을 적은 것을 진술조서라고 한다. 다시 한 번 강조하지만 참고인 조사와 피의자 신문은 강제력의 행사 없이 상대방의 승낙이나 동의에 의해 행해지는 임의수사이므로 반드시 소환에 응해야 하는 것은 아니다.

참고인이란 피의자 이외의 제3자로 목격자 등 범죄사건과 관련한 사실을 알고 있는 자를 의미한다. 참고인 조사란 수사기관이 이러한 참고인을 소환하여 조사하는 것이다. 참고인은 출석하지 않더라도 과태료 부과나 구인 등 제재를 받지 않는다.

체포

체포는 초동 수사에서 구속의 경우보다 완화된 요건 하에서 피의자의 신병 등을 단기간(48시간) 확보하기 위한 조치를 말한다. 피의자의 신체의 자유를 침해할 수 있으므로 원칙적으로 검사가 청구하고 법관이 발부한 체포영장을 발부받아야만 피의자를 체포할 수 있다. 다만, 예외적으로 ① 범죄가 중한 사건에서 피의자가 증거를 인멸할 우려가 있는 경우, ② 도주가능성이 있어서 사전에 영장을 발부받을 시간적 여유가 없는 경우 등에는 영장 없이 체포할 수 있다. 이를 긴급체포라고 한다. 긴급체포의 경우에도 48시간 이내에 검사는 법원에 구속영장을 청구하거나 피의자를 석방하여야 한다.[56)]

수사기관은 피의자를 체포할 경우에는 피의사실의 요지, 체포의 이유와 변호인을 선임할 수 있음을 말하고 변명할 기회를 주어야 한다. 그리고 배우자나 가족 등에게 체포 사실을 알려주어야 한다. 만약 경찰이 피의자를 체포할 때 적법한 절차를 위반할 경우, 즉 위법한 체포일 경우 경찰을 폭행한 사건에서 법원이 이러한 폭행은 정당방위로 무죄라고 판시하였다.[57)]

구속

구속은 체포에 비해 피의자의 신체적 제약이 보다 장기간 피의자의 신병 등을 확보하기 위한 조치를 말한다. 수사기관은 수사 결과 죄질이 무겁고 도주 또는 증거인멸의 우려가 있는 경우 피의자를 체포한 후에 또는 선행의 체포 없이 비교적 장기간 피의자를 구금하는 구속을 할 수 있다. 이 경우에도 검사가 청구하고, 법관이 발부한 영장이 있어야 한다. 법관이 영장을 발부하는 사유로는 피의자가 죄를 범하였다고 의심할 만한 상당한 이유가 있고 ① 피의자에게 일정한 주거가 없는 경우, ② 피의자가 증거를 인멸할 염려가 있는 경우, ③ 피의자가 도망하거나 도망할 염려가 있는 경우이다. 피의자에게 증거인멸이나 도주의 염려가 없는 경우 법원은 검사의 구속영장청구를 기각한다.[58)]

사법경찰관이 피의자를 구속한 때에는 10일 이내에 피의자를 검사에게 인치하지 아니하면 석방하여야 한다. 검사가 피의자를 구속한 때 또는 사법경찰관으로부터 피의자의 인치를 받은 때에는 10일 이내에 공소를 제기하지 아니하면 석방하여야 한다. 지방법원판사는 검사의 신청에 의하여 수사를 계속함에 상당한 이유가 있다고 인정한 때에는 10일을 초과하지 아니하는 한도에서 구속기간의 연장을 1차에 한하여 허가할 수 있다. 따라서 수사과정에서 피의자를 구속하는 최장기간은 30일이다.

한편, 판사가 기계적으로 영장을 발부하는 것을 막기 위해 구속영장을 청구 받은 판사는 피의자를 직접 대면 심문하여 구속영장 발부 여부를 결정하도록 하는 구속

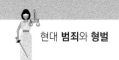

영장실질심사제도를 두고 있다.[59] 그리고 판사가 발부한 영장에 의하여 체포·구속되었더라도 불법 또는 부당한 경우가 있을 수 있으므로, 이에 대한 대비책으로 이미 집행된 체포·구속이 적법한지 여부 및 계속할 필요가 있는지 여부를 심사하여 석방할 수 있도록 하는 체포·구속 적부심사제도를 두고 있다.

수색, 압수, 검증

수사기관은 사람의 신체나 물건, 일정한 장소를 수색할 수 있고, 수색을 통해 발견된 증거물이나 범죄 관련 물건을 압수할 수 있다. 수사기관은 혈액체취나 X선 촬영 등 신체검사, 사체 해부 또는 분묘 발굴 등 사람, 장소, 물건의 성질이나 형상을 다섯 개의 감각기관의 작용에 의해 인식하는 (현장)검증도 할 수 있다. 이러한 강제수사들도 필요하다고 해서 함부로 해서는 안 된다. 상대방의 동의나 승낙을 구함이 없이 강제력이 동원된다는 점에서 인권침해의 가능성이 크기 때문이다. 따라서 강제수사를 하기 위해서는 반드시 영장이 있어야 한다. 영장은 검사의 청구로 판사가 발부한다. 만약 사법경찰관이 강제수사를 위해 영장이 필요한 때에는 사법경찰관이 검사에게 영장을 신청하여 검사의 청구로 판사가 영장을 발부한다.

---

59) 20개월 딸 살해한 친부 영장심사 위해 이동(국민일보 2021.7.14.)

3. 수사의 마무리는 기소 또는 불기소

수사 종결

　그렇다면 수사의 단서로부터 시작된 범죄수사는 언제, 어떻게 끝나게 될까? 사실 수사절차는 수사단서가 있을 때 공소제기 여부의 결정이라는 목표를 위해 이루어진다. 수사종결은 공소제기 여부를 판단할 수 있을 정도로 사건이 해명되었는지에 달려 있다. 수사 결과 범죄의 혐의가 충분히 인정되어 유죄판결을 받을 수 있다고 판단될 경우에는 검사는 법원에 사건에 대한 재판을 청구하고, 혐의가 인정되지 못한 경우에는 재판을 청구하지 않는다. 이러한 재판 청구 또는 재판 불청구에 의해 수사가 종결되는 것이다. 이 때 재판을 청구하는 것을 공소제기 또는 기소라고 하며 재판을 청구하지 않는 것을 불기소라고 한다. 공소제기와 불기소처분은 모두 검사가 결정한다(형사소송법 제246조).

공소제기(기소)

　검사의 공소제기로 범죄수사가 종결되고 형사절차의 다음 단계인 형사재판으로 넘어가게 된다는 것은 앞에서 언급한 바와 같다. 여기서 공소제기란 공개 소송의 제기이고, 다른 말로는 기소라고 한다.

　검사가 공소를 제기할 때에는 공소장이라는 것을 작성하여 관할법원, 즉 사건을 담당할 권한을 가진 법원에 제출하여야 한다. 피고인, 죄명, 공소사실 및 적용법조는 공소장에 반드시 기재되어야 하는 사항이다. 공소가 제기되면 사건의 심리와 판단은 법원이 하게 되고, 범죄수사의 대상이었던 피의자는 형사재판의 당사자인 피고인이 된다.

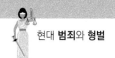

■ 검찰사건사무규칙 [별지 제172호서식]

○ ○ ○ 검 찰 청

. . .

사건번호   년 형제   호

수 신 자   법원

제 목   공소장

검사 ○○○은(는) 아래와 같이 공소를 제기합니다.

Ⅰ. 피고인 관련사항

피 고 인   ○○○(주민등록번호), ○○세

직업   , 일반전화번호, 휴대전화번호

주거   (통   반), 전화번호

등록기준지

죄 명

적용법조

구속여부   .   .   . 구속 (.   .   . 체포)

변 호 인   변호사 ○○○

Ⅱ. 공소사실

Ⅲ. 첨부서류

검사 ○ ○ ○ (인)

210㎜×297㎜[일반용지60g/㎡(재활용품)]

약식기소

법원이 벌금, 과료, 몰수를 내릴 수 있는 사건의 경우 피의자의 이의가 없으면 검사는 공판절차 없이 서면심리에 의한 약식명령의 재판을 청구하는 기소를 제기할 수 있다(형사소송법 제448조). 이를 약식기소라고 한다. 따라서 피의자는 검사가 약식기소를 한다고 할 경우, 교도소에 복역하게 되는 징역형이나 금고형을 피할 수 있게 된다. 최근 검찰은 폭행범, 성추행범 등을 약식기소하고 있다.[60]

즉결심판

범죄라고 하여 모두 같은 범죄가 아니다. 쓰레기 무단투기, 노상방뇨 등과 같이 경범죄 처벌법을 위반한 자들까지 모두 경찰, 검찰의 수사를 거쳐 공소제기를 하여 재판을 받도록 하다면 어떻게 될까. 수사기관도 법을 어긴 사람도 모두 지나치게 시간과 노력을 많이 쓰게 된다. 따라서 20만원 이하의 벌금, 구류, 과료에 처할 경미한 사건을 정식적인 형사소송절차를 거치지 않고 경찰서장이 법원에 청구할 수 있도록 하고 있다(즉결심판에 관한 절차법 제2조). 이 때 판사가 즉시 심판하는 절차를 즉결심판이라고 한다. 주로 경범죄처벌법을 위반한 혐의가 있는 사람들에 대해서 주로 즉결심판을 청구한다. 경찰은 만우절에 112에 허위 신고한 사람, 공항에 폭발물 설치하였다고 허위 신고한 사람들에 대해서 즉결심판을 청구하고 있다.[61]

불기소

검사가 기소하지 않기로 하는 불기소처분은 두 가지로 나누어 볼 수 있다.

첫째, 무혐의처분이 있다. ① 피의자에 대한 심문을 하고 증거를 수집하였지만 범죄사실이 없거나 유죄를 입증할 증거가 충분하지 않은 경우, ② 친고죄에 있어서 고소가 없는 경우, ③ 반의사불벌죄에 있어서 처벌을 희망하지 않은 의사표시가 있는 경우에 검사는 피의자에 대해서 무혐의, 즉 혐의가 없다는 결정을 내리게 된다. 피의자 입장에서는 법원의 재판을 받지 않게 된다는 의미이다.

둘째, 기소유예처분이 있다. 검사의 수사 결과 법원에 의한 유죄판결의 가능성은 높지만 범인의 연령, 성행, 지능과 환경, 범행동기, 수단과 결과, 범행 후의 정황 등을 고려하여 처벌하는 것보다 교화하는 것이 효과적이라 판단하는 경우 공소제기

---

60) 술취해 식당서 행패 부린 혐의 경남도의원 약식기소(연합뉴스 2018.1.1.)

61) "날치기 당했다" 허위 신고한 20대 즉결심판 회부(세계일보 2021.7.26.)

를 하지 않을 수 있다(형사소송법 제247조). 이러한 기소유예를 하면서 치료를 조건으로 하는 것을 치료조건부 기소유예, 소년선도위원의 선도를 조건으로 하는 것을 선도조건부 기소유예라고 한다. 특히 선도조건부 기소유예는 주로 범죄소년에게 내려지는데, 소년은 성년과 달리 인격형성 과정에 있으므로 범죄에 빠지기도 쉽지만 개선의 가능성도 크기 때문에 교정시설에 수용하기보다 사회 내에서 덕망과 학식이 있는 선도위원의 선도 및 보호를 받게 함이 바람직하다고 판단되는 경우에 내리는 처분이다.[62]

항고, 재항고, 재정신청

검사가 불기소처분을 한 경우에는 이로써 형사절차가 종결된다. 하지만 고소인 또는 고발인이 검사의 불기소처분에 대하여 불만을 가질 수도 있다. 범인을 처벌해 달라는 자신의 의사표시가 관철되지 않았기 때문이다. 그래서 우리 법은 검사의 불기소처분을 받아들일 수 없는 고소인과 고발인에게 이의를 제기할 수 있는 기회를 제공하고 있다.

먼저 고소인 또는 고발인은 불기소처분을 내렸다는 통지를 받은 날부터 한 달 이내에 수사를 담당한 검사가 소속된 지방검찰청을 거쳐 관할 고등검찰청 검사장에게 다시 수사해 달라는 의사표시를 할 수 있다. 이를 검찰항고라고 한다. 최근 이른바 '염전 노예 사건'의 가해자를 불기소처분한 사건에 대해서, 고발인이었던 장애인단체는 검찰의 불기소처분에 불복해 항고한 바 있다.[63] 검찰항고마저 받아들여지지 않은 때에는 고소인과 고발인이 취할 수 있는 이의제기의 방법이 달라진다. 이럴 때 고발인은 검찰항고가 받아들여지지 않았다는 통지를 받은 날부터 3개월 이내에 검찰총장에게 재항고를 할 수 있다.

한편, 고소인 또는 고발인은 검찰 내부를 떠나 법원으로 문제를 가져갈 수 있다. 즉 검찰항고가 받아들여지지 않았다는 통지를 받은 날로부터 10일 이내에 고등법원에 검사의 불기소처분이 잘못되었으니 바로잡아 기소를 해 달라고 신청할 수 있고, 이를 재정신청이라고 한다.[64] 고소인의 주장이 타당하다고 판단되는 경우 법원은 공소제기를 하라는 결정을 내리게 된다. 이러한 결정이 있다고 해서 바로 공소가 제기되는 것은 아니라는 점에 주의하여야 한다. 공소제기는 검사만이 할 수 있

62) "소년범죄, 교화·선도 위해 조건부 기소유예 늘려야"(연합뉴스 2020.11.6.)

63) 검찰 '염전노예' 사건 불기소…장애인단체 불복 항고(충청일보, 2015.8.13.)

64) 지난해 '불기소 불복' 재정신청 11년만에 최대폭…36.3% 증가(KBS NEWS 2020.10.7.)

으므로 관할 지방검찰청 검사장은 법원의 공소제기 결정이 내려진 경우 바로 담당 검사를 지정하여야 하며, 지정된 담당 검사가 공소를 제기하게 되는 것이다.

제2부_

구체적인 범죄

제5장

생명·신체와 자유에 관한 범죄

1. 살인죄와 낙태죄

2. 폭행죄와 상해죄

3. 협박죄와 공갈죄

1. 살인죄와 낙태죄

살인의 의의

범죄 중 가장 상징적인 것은 바로 '살인'일 것이다. 2019년을 기준으로 우리나라에서는 살인의 기수 및 미수를 포함하면 800여건이 발생하였고, 살인범의 검거율은 98%정도 된다.[1]

살인이란 사람을 살해하는 것인데, 여기서 사람은 타인을 말한다. 따라서 자신을 살해하는 자살은 범죄가 아니다. 그리고 타인이란 살아있는 사람이기 때문에, 살인의 객체가 될 수 있는 시기(始期)와 종기(終期)를 정할 필요가 있다. 우선, 언제부터 살아있는 사람인지를 살펴보아야 한다. 우리 법원은 진통을 동반하면서 분만이 개시된 때부터 사람으로 본다(진통설). 태아를 자연분만기에 앞서서 인위적으로 모체 밖으로 배출하거나 모체 안에서 살해하는 경우에는 살인죄과 아닌 낙태죄가 성립되고(단, 2021년부터 형법상 낙태죄 규정은 효력을 상실함), 진통이 시작되어 분만 중인 태아를 고의로 사망에 이르게 한다면 살인죄를 범한 것이 된다.[2] 물론 분만 중인 태아를 과실로 사망에 이르게 한다면 (업무상) 과실치사죄가 된다.

그렇다면 언제까지 살아있는 사람으로 볼 수 있는가. 일반적으로 사람의 심장이 멈추면 사망한 것으로 본다(심장정지설). 이렇게 보면 뇌사자는 심장이 멈추기 전까지는 여전히 살아있는 사람이므로, 원칙적으로는 장기기증에 따른 적출이 법률상 범죄가 될 수 있다. 이에 뇌사자의 장기기증에 따른 적출이 가능하도록 하기 위해서, 장기 등 이식에 관한 법률에서는 뇌사자를 '살아있는 사람'에서 제외하는 규정을 두고 있다(동법 제4조 제5호). 따라서 법률에 따른 뇌사자의 장기적출로 뇌사자가 사망에 이르더라도 살인죄가 되지 않는다.

살인죄의 유형

살인에도 여러 가지 종류가 있는데, 우리 형법이 정하고 있는 살인죄로는 살인죄, 존속살해죄, 영아살해죄, 촉탁살인죄, 자살교사방조죄, 위계·위력에 의한 살인죄 등이 있다.

---

1) 범죄발생 및 검거현황(경찰청, 경찰청범죄통계, e-나라지표)

2) 34주 태아 낙태해준 의사 징역형…대법 "살인 혐의 유죄"(한국경제 2021.3.14.)

일반살인죄

살인죄는 '사람을 살해'한 범죄이다(형법 제250조 제1항). 최근 국내 살인범죄의 특징 중 하나는 여성을 그녀의 남편이나 남자친구가 살해하는 경우가 많다는 것이다. 2020년 한해에 이렇게 살해된 여성이 최소 97명, 살인미수 등으로 살아남은 여성이 131명이었다.[3]

한편, 고령화 사회에 진입하면서 소생가능성이 없이 무의미한 연명치료를 받고 있는 환자수 또한 늘고 있다. 병원은 인공호흡기에 의지해 생명을 유지하고 있는 환자에게서 호흡기를 떼는 행위, 즉 연명치료를 중단하는 것은 살인방조에 해당할 수 있다며 거부해왔다.[4] 이러한 상황에서 2009년 환자의 가족이 병원을 상대로 연명치료중단을 요청하였고, 대법원은 일정한 요건을 갖춘 경우 연명치료를 중단할 수 있다고 판단하였다(이른바 존엄사). 즉, 연명치료의 중단이 일정한 요건에 해당하는 경우에 살인방조가 아니라는 것이다. 이 판결의 영향을 받아 호스피스·완화의료 및 임종과정에 있는 환자의 연명의료결정에 관한 법률(약칭 : 연명의료결정법)이 제정되었고, 2018년 2월부터 시행되기 시작하였다. 이 법률에 따라 말기 암이나 만성간경화 등 치료를 해도 호전되지 않는 환자들은 이 같은 연명의료 대신 자연스러운 죽음을 선택할 수 있게 되었다.[5]

존속살해죄

존속살해죄는 '자기 또는 배우자의 직계존속을 살해'한 것이다(형법 제250조 제2항). 직계란 부모, 자녀, 손자 등과 같이 곧바로 이어나가는 혈연관계를 말하는데, 직계존속은 본인으로부터 위의 계열에 있는 사람들을 말한다. 따라서 자기의 직계존속으로는 부모, 조부모 등이 있고, 배우자의 직계존속으로는 시부모, 시조부모, 장인, 장모 등이 있다. 자녀가 이들을 살해할 때 존속살해가 된다.

입양된 자녀가 자신을 입양한 부모를 살해하는 경우에도 존속살해가 성립된다. 입양요건을 갖추지 못한 채 입양된 자가 자신을 입양한 자를 살해한 경우에는 존속살해죄가 아니라 일반살인죄가 성립된다.

3) 여성 1.6일에 한명…남편·애인에게 죽거나 죽을 뻔했다(국민일보 2021.3.8.)

4) 지난 1997년 대법원 일명 보라매 사건에서 뇌출혈로 중환자실 입원한 환자에 대한 연명치료 중단한 의료진에 대해서 살인방조죄를 인정하였다.

5) 존엄사 시행 3년, "연명치료 중단할 것" 80만명 달해…실제 중단은 13만명(서울경제 2021.1.18.)

영아살해죄

영아살해죄는 '직계존속이 치욕을 은폐하기 위하거나 양육할 수 없음을 예상하거나 특히 참작할 만한 동기로 인하여 **분만 중 또는 분만직후의 영아를 살해**'한 것이다(형법 제251조). 이미 자녀가 여러 명 있는 여성이 남편의 가출로 아이를 양육하기 어려운 상황에서 아이를 출산한 후 살해하고 아기의 시신을 버렸다면 이 여성은 영아살해죄 및 사체유기죄를 저지른 것이 된다. 영아살해죄의 경우 참작할 만한 동기가 있기 때문에 법정형이 '10년 이하의 징역'으로 보통의 살인죄보다 형량이 낮다.[6] 그러나 이는 1953년 형법 제정 당시 6·25전쟁 직후라는 특수한 시대상황을 반영한 것으로, 현재는 법안 도입 당시와 달라진 시대 상황을 반영해야 하고, 영아의 생명과 안전을 보호하기 위해 영아살해죄의 처벌을 강화해야 한다는 주장이 나오고 있다. 참고로, 프랑스는 1992년, 독일은 1998년 형법 개정을 통해 영아살해죄를 폐지했고, 일본과 미국은 영아살해죄 규정을 별도로 두고 있지 않다.[7]

촉탁살인죄

촉탁살인죄는 (죽을) '사람의 촉탁이나 승낙을 받아 그를 살해'한 것이다(형법 제252조 제1항). 만약 중대한 질병으로 고통을 받고 있는 아버지, 우울증에 시달리고 있는 여자 친구 등으로부터 죽여 달라는 부탁을 받아 살해한다면, 촉탁살인죄를 저지른 것이 된다.[8]

한편, 촉탁살인과 유사한 안락사라는 것이 있다. 안락사는 회복할 수 없는 죽음에 임박한 중환자의 고통을 덜어주기 위하여 의료진이 그 환자의 생명을 단축시켜 사망시키는 것을 말한다. 프랑스 등 서유럽의 일부 국가에서는 안락사를 인정함으로써, 환자를 죽음에 이르게 한 의료진이 촉탁살인으로 처벌받지 않는다.[9] 그렇지만 현재 우리나라에서는 안락사를 허용하지 않고 있다. 따라서 누군가의 부탁을 받고 사람을 살해하면 촉탁살인죄를 저지른 것이 된다.

---

6) 두 차례 아이 낳아 살해 유기 지적장애 30대 여성 '집유'(로이슈, 2017.11.23.)

7) 영아 살해 관대한 처벌 막는다…법정형 상향 추진(연합뉴스TV 2019.1.26.)

8) 절망적인 삶에서 빚어진 비극 '촉탁살인', 사랑이었을까(MBC뉴스, 2015.12.22.)

9) 한국인 2명 스위스서 안락사… '존엄한 죽음' 화두를 던지다(서울신문, 2019.3.5.)

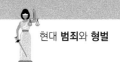

자살교사죄와 자살방조죄

자살교사·방조죄는 '사람을 교사하거나 방조하여 자살'하게 한 것이다(형법 제252조 제2항). 자살교사 또는 자살방조의 대표적인 예가 동반자살이다. 우리는 자살카페 등에서 만나 동반자살을 하는 사람들의 이야기를 언론을 통해서 들을 수 있다. 이 때 자살에 이른 자, 즉 사망한 자는 처벌할 수 없지만, 살아남은 자들은 자살한 자의 자살을 교사하거나 원조한 것으로서 자살교사죄 또는 자살방조죄로 처벌을 받게 된다.[10] 다만, 구체적인 자살의 교사나 원조가 입증되지 않는다면 자살교사나 방조죄가 성립되지 않을 것이다.

위계 등에 의한 살인죄

위계 등에 의한 살인죄는 '위계 또는 위력으로써 살인을 촉탁 또는 승낙하게 하거나 자살을 결의하게 한' 것이다(형법 제253조). 위계란 속임수나 상대방에게 오인, 착각, 부지를 일으키고 상대방의 그러한 심리적 상태를 이용하여 불법한 목적을 달성하는 것을 말한다. 위력이란 사회적, 경제적 지위를 이용하여 타인의 의사를 제압할 수 있는 유형적, 무형적인 힘을 말한다.

낙태

형법 제269조(낙태) ① 부녀가 약물 기타 방법으로 낙태한 때에는 1년 이하의 징역 또는 200만원 이하의 벌금에 처한다.

② 부녀의 촉탁 또는 승낙을 받아 낙태하게 한 자도 제1항의 형과 같다.

③ 제2항의 죄를 범하여 부녀를 상해에 이르게 한때에는 3년 이하의 징역에 처한다. 사망에 이르게 한때에는 7년 이하의 징역에 처한다.

형법 제270조(의사 등의 낙태, 부동의낙태) ① 의사, 한의사, 조산사, 약제사 또는 약종상이 부녀의 촉탁 또는 승낙을 받아 낙태하게 한 때에는 2년 이하의 징역에 처한다.

② 부녀의 촉탁 또는 승낙없이 낙태하게 한 자는 3년 이하의 징역에 처한다

③ 제1항 또는 제2항의 죄를 범하여 부녀를 상해에 이르게 한때에는 5년 이하의 징역에 처한다. 사망에 이르게 한때에는 10년 이하의 징역에 처한다.

④ 전 3항의 경우에는 7년 이하의 자격정지를 병과한다.

---

10) 동반자살 시도는 자살방조죄…깨어난 40대 집행유예(세계일보, 2017.2.17.)

[헌법불합치, 2017헌바127, 2019. 4. 11. 형법(1995. 12. 29. 법률 제5057호로 개정된 것) 제269조 제1항, 제270조 제1항 중 '의사'에 관한 부분은 모두 헌법에 합치되지 아니한다. 위 조항들은 2020. 12. 31.을 시한으로 입법자가 개정할 때까지 계속 적용된다]

모자보건법 제14조(인공임신중절수술의 허용한계) ① 의사는 다음 각 호의 어느 하나에 해당되는 경우에만 본인과 배우자(사실상의 혼인관계에 있는 사람을 포함한다. 이하 같다)의 동의를 받아 인공임신중절수술을 할 수 있다.

1. 본인이나 배우자가 대통령령으로 정하는 우생학적(優生學的) 또는 유전학적 정신장애나 신체질환이 있는 경우
2. 본인이나 배우자가 대통령령으로 정하는 전염성 질환이 있는 경우
3. 강간 또는 준강간(準強姦)에 의하여 임신된 경우
4. 법률상 혼인할 수 없는 혈족 또는 인척 간에 임신된 경우
5. 임신의 지속이 보건의학적 이유로 모체의 건강을 심각하게 해치고 있거나 해칠 우려가 있는 경우

② 제1항의 경우에 배우자의 사망·실종·행방불명, 그 밖에 부득이한 사유로 동의를 받을 수 없으면 본인의 동의만으로 그 수술을 할 수 있다.

③ 제1항의 경우 본인이나 배우자가 심신장애로 의사표시를 할 수 없을 때에는 그 친권자나 후견인의 동의로, 친권자나 후견인이 없을 때에는 부양의무자의 동의로 각각 그 동의를 갈음할 수 있다.

헌법재판소는 형법 조항 (제269조 1항, 270조 1항)의 위헌 여부를 판단해달라며 산부인과 의사가 낸 헌법소원·위헌법률심판제청 사건에서, 재판관 4명(헌법불합치), 3명(단순위헌), 2명(합헌) 의견으로 헌법불합치 결정을 선고했다. 헌법재판소는 "임신한 여성이 임신을 유지 또는 종결할 것인지를 결정하는 것은 스스로 선택한 인생관·사회관을 바탕으로 깊은 고민을 한 결과를 반영하는 전인적 결정이다. 태아가 독자적으로 생존할 수 있는 시점인 임신 22주 내외에 도달하기 전이면서 동시에 임신 유지와 출산 여부에 관한 자기결정권을 행사하기에 충분한 시간이 보장되는 시기까지의 낙태에 대해서는 국가가 생명보호의 수단 및 정도를 달리 정할 수 있다고 봄이 타당하다. 모자보건법상의 정당화사유에는 다양하고 광범위한 사회적·경제적 사유에 의한 낙태갈등 상황이 전혀 포섭되지 않는다. 사회경제적 이유

로 인해 낙태 갈등 상황을 겪고 있는 경우까지도 예외없이 임신한 여성에게 임신의 유지 및 출산을 강제하고, 이를 위반한 경우 형사처벌한다는 점에서 위헌이다."고 결정하였다.

다만, 형법상 자기낙태죄 조항과 의사낙태죄 조항에 대해 각각 단순위헌 결정을 할 경우, 임신기간 전체에 걸쳐 행해진 모든 낙태를 처벌할 수 없게 됨으로써 용인하기 어려운 법적 공백이 생기게 된다. 이에 심판대상 법률이 위헌이라고 인정하면서도, 해당 법률의 공백에 따른 혼란을 우려해 법을 개정할 때까지 법의 효력을 한시적으로 인정하는 결정인 헌법불합치 결정을 내렸다. 이에 따라 헌재는 2020년 12월31일까지 국회에서 법을 개정하도록 주문했다. 국회는 2020년 12월31일까지 법을 개정하기 이전까지만 한시적으로 적용된다.

참고로, 단순위헌 의견(이석태·이은애·김기영 재판관)은 헌법불합치 의견보다 "임신 제1삼분기(마지막 생리기간의 첫날부터 14주 무렵까지)에는 어떠한 사유를 요구함이 없이 임신한 여성이 자신의 숙고와 판단 아래 낙태할 수 있도록 하여야 한다."며 한 발 더 나아갔다. 조용호·이종석 재판관은 합헌 의견으로 "태아 생명 보호는 매우 중대하고 절실한 공익"이라며 "사회·경제적 사유에 따른 낙태의 허용은 낙태의 전면 허용과 동일한 결과를 초래해 생명경시 풍조를 유발할 우려가 있다." 고 판단했다.[11]

법무부는 여성의 임신 유지와 출산 여부에 관한 자기결정권 및 그 인정범위에 관하여 논의를 거친 후 형법 개정안을 마련하였으나, 국회를 통과하지 못하였다. 그런데 헌법재판소는 "위 조항들은 2020. 12. 31.을 시한으로 입법자가 개정할 때까지 계속 적용된다."라고 결정하였기 때문에, 형법상 낙태죄 규정은 효력을 상실하였고, 현재 모든 낙태행위는 범죄가 아니다.[12]

---

11) 헌법재판소 낙태죄 결정 원문 https://search.ccourt.go.kr/ths/pr/ths_pr0101_P1.do

12) '헌법불합치' 낙태죄, 대체입법 시한 안 지켜 효력 상실(2021.1.2.)

2. 폭행죄와 상해죄

폭행의 의의

폭행은 신체에 대한 불법한 유형력 또는 물리력 자체이다. 폭행의 수단 및 방법에는 제한이 없다. 폭행으로 인정되는 대표적인 사례로는 멱살을 잡는 행위, 옷을 잡아당기는 행위, 손을 잡아당기는 행위 등이 있다. 대법원은 엄마와 춤추던 10세 여아 귀엽다고 손잡아 끈 70대 남성에게 폭행죄를 인정하여 벌금 50만원을 선고한 바 있다.[13] 그 외에도 돌을 던지는 행위, 몽둥이를 휘두르는 행위, 넘어진 사람 위에 올라타는 행위, 고함을 쳐서 놀라게 하는 행위, 침을 뱉는 행위, 마취약을 사용하는 행위 등도 폭행이 된다. 폭행과 관련한 최근의 판례 중 주목할 만한 것으로는 상사가 부하 직원에게 화를 내다가 커피가 부하 직원에게 튀게 한 사례에서 법원은 폭행죄가 성립된다고 보았다.[14] 그렇지만 신체가 아닌 다른 것에 유형력을 가한 것은 폭행이 아니다. 따라서 피해자의 집의 대문을 발로 차는 행위, 전화로 욕설을 하는 행위 등은 폭행으로 인정되지 않는다.

폭행은 폭행 자체만으로도 범죄가 되지만, 다른 범죄의 구성요소로서의 의미도 크기 때문에 중요한 개념이다.

폭행죄의 유형

우리 형법이 정하고 있는 폭행죄로는 폭행죄, 존속폭행죄, 특수폭행죄 등이 있다.

첫째, 폭행죄는 사람의 신체에 대하여 폭행을 가한 때 성립된다(형법 제260조 제1항).

둘째, 존속폭행죄는 자기 또는 배우자의 직계존속에 대하여 폭행을 가한 때 성립된다(형법 제260조 제2항).

셋째, 특수폭행죄는 단체 또는 다중의 위력을 보이거나 위험한 물건을 휴대하여 사람의 신체에 대하여 폭행을 가한 때 성립된다(형법 제261조). 여기서 '단체'라 함은 공동목적을 가진 다수인의 계속적, 조직적인 결합체를 말한다. 공동목적은 반드시 불법할 것을 요하지 않는다. 따라서 범죄를 목적으로 하는 불법단체 뿐만 아니

---

13) 대법원, 엄마와 춤추던 10세 여아 귀엽다고 손 잡아 끈 남성 폭행죄(2016.3.6.)

14) 부하직원에 화내다 커피 튀었다면?…법원 "폭행죄 성립"(매일경제, 2015.9.16.)

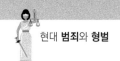

라 법인, 노동조합, 정당 기타 사회단체도 여기에 포함된다. '다중'이라 함은 단체를 이루지 못한 다수인의 집합을 말한다. 집합자 사이에 공동목적이 있거나, 계속적인 조직체로 구성되어 있음을 요하지 않는다. 단체와 다중의 구성원은 그 위력을 보일 정도로 다수여야 한다. 한편, 단체 또는 다중의 위력없이 단순히 2인 이상이 공동으로 폭행하는 경우에는 특수폭행이 아니라 공동폭행으로 폭력행위 등 처벌에 관한 법률(약칭 : 폭력행위처벌법)에 의하여 형법에서 정한 형의 2분의 1까지 가중하여 처벌받게 된다.[15]

위험한 물건은 흉기가 아니더라도 널리 사람의 생명과 신체에 해를 가하는 데 사용할 수 있는 물건이 포함된다. 살상용, 파괴용으로 만들어진 것뿐만 아니라 다른 목적으로 만들어진 칼, 가위, 유리병, 각종 공구, 자동차 등은 물론 화학약품이나 심지어 동물 등도 사람의 생명이나 신체에 해를 가하는 데 사용됐다면 '위험한 물건'이라고 볼 수 있다. 최근에는 자동차도 위험한 물건에 포함되는 것으로 본다. 최근 경찰은 새치기 운전을 막을 주차요원을 운전 중인 자동차로 민 고객을 특수폭행 혐의로 입건한 바 있다.[16]

특수폭행죄나 공동폭행죄는 폭행죄와 달리 반의사불벌죄가 아니므로, 피해자와의 합의를 통해 고소를 취하하더라도 처벌을 피할 수 없다.

상해의 의의

상해는 신체의 건강상태를 불량하게 변경시키거나 일상생활기능에 장애를 초래하는 행위를 말한다. 우선, 신체의 건강상태를 불량하게 하여 상해가 인정된 것으로는 인사불성(기절상태), 성병감염, 여성의 처녀막 파열 등이 있다. 그렇지만 연행과정에서 발생한 1주 정도 지속된 멍, 강제추행시 음모의 일부를 자른 행위, 강간미수 과정에서 7일 정도 지속된 멍 등은 법원에서 상해로 인정되지 않았다. 일상생활의 기능에 장애를 초래하여 상해로 인정된 것으로는 보행 불능 장애, 수면장애 등이 있다. 참고로, 보통의 사람들은 폭행과 상해라는 용어를 구분하지 못한다. 그렇지만, 상해의 경우 '신체의 건강상태의 불량' 또는 '일상생활의 기능장애'이라는 결과를 수반한다는 점에서 거동범인 폭행보다 더 중하게 처벌되기 때문에 명확하게 구분할 필요가 있다. 참고로, 처벌도 폭행죄의 경우는 '2년 이하의 징역, 500만원 이하

---

15) 지적장애 여고생에 오물 뿌리고 폭행…10대 5명 재판 넘겨져(중앙일보 2021.7.20.)

16) 차량 진입 막자 주차요원 들이받은 40대 기소의견 송치(연합뉴스, 2017.9.11.); '빵소니' 제지하자 차로 공격…"특수폭행 처벌"(뉴시스, 2021.6.6.)

의 벌금, 구류 또는 과료', 상해죄는 '7년 이하의 징역, 10년 이하의 자격정지 또는 1천만원 이하의 벌금'에 처한다.

상해죄의 유형

우리 형법이 정하고 있는 상해죄로는 상해죄, 존속상해죄, 특수상해죄, 중상해죄, 상해치사죄 등이 있다.

첫째, 상해죄는 사람의 신체를 상해하는 경우에 성립한다(형법 제257조 제1항).

둘째, 존속상해죄는 자기 또는 배우자의 직계존속을 상해하는 것이다(형법 제257조 제2항). 여기서 직계존속의 의미는 존속살해의 직계존속과 동일하다.

셋째, 중상해죄는 사람의 신체를 상해하여 생명에 위험을 발생시키는 것이다(형법 제258조 제1항). 중상해로 인정된 사례로는 부모, 교사, 돌보미 등이 아이를 체벌하거나 때려 아동에게 뇌병변 장애를 입힌 경우나 고막을 터지게 해 청각장애를 입힌 경우 등이 있다.[17]

넷째, 특수상해죄는 단체 또는 다중의 위력을 보이거나 위험한 물건을 휴대하여 사람의 신체를 상해한 것이다(형법 제258조의2 제1항).[18] 최근 우리 사회에서 문제되고 있는 중학생들이 또래 학생을 '집단'으로 폭행하여 상해를 입힌 경우나 위험한 물건으로 친구를 때려 다치게 한 경우에는 특수상해죄가 적용된다.[19] 폭행과 마찬가지로 2인 이상이 공동으로 상해를 가할 경우 폭력행위 등 처벌에 관한 법률(약칭 : 폭력행위처벌법)에 의하여 형법에서 정한 형의 2분의 1까지 가중하여 처벌받게 된다.

---

17) 동거녀 세 살 아들 뇌손상 폭력 40대에 징역 6년(연합뉴스 2018. 4. 25)

18) 법원 "스마트폰 들고 때리면 특수상해죄"(YTN뉴스, 2020.3.31.); 외도 의심하고 찾아온 아내·아들 차량으로 친 남편(세계일보 2021.8.3.)

19) '스파링 폭행' 고교생 2명 상해죄로 징역형 추가(YTN뉴스, 2021.6.4.)

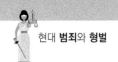

3. 협박죄와 공갈죄

협박의 의의

협박이란 사람이 공포심을 가질만한 정도의 해악을 고지하는 것을 말한다. 폭행이 행동에 의한 폭력이라면, 협박은 언어에 의한 폭력이라고 할 수 있다. 우리 법률이 협박 자체를 처벌하는 이유는 사람의 자유로운 의사결정을 침해하기 때문이다.

협박의 수단으로는 언어, 문서, 거동 등이 있다. 따라서 구두로 해악을 고지하는 행위 뿐 아니라 서면으로 보내는 것도 협박이 될 수 있다. 또한 칼 등 위험한 도구를 상대방을 향해 겨누는 등의 거동도 협박이 될 수 있다.

사실 협박은 단순히 협박죄를 구성할 뿐만 아니라 다른 범죄의 구성요소가 되는 경우가 있다. 그런데 협박을 구성요소로 하는 범죄에서 말하는 협박의 개념이 세 가지로 구분된다. 첫째, 최광의의 협박으로 상대방이 공포심, 겁을 먹을 만한 해악을 알리는 것으로 족한 협박이다. 소요죄(형법 제115조),[20] 공무집행방해죄(형법 제136조),[21] 특수도주죄(형법 제146조)[22] 등에서의 협박은 최광의의 협박이다. 둘째, 협의의 협박으로 해악을 알림으로써 상대방이 현실적으로 겁을 먹게 하거나 겁을 먹게 하는 것으로 족한 협박이다. 협박죄의 협박이 이것이다. 셋째, 최협의의 협박으로 상대방이 완전히 겁을 먹고 저항하지 못할 정도로 해악을 알리는 협박이다. 강간죄(형법 제297조),[23] 강도죄(형법 제333조)[24]의 협박이 이것이다.

협박죄의 유형

우리 형법에서 정하고 있는 협박죄로는 협박죄, 존속협박죄, 특수협박죄, 상습협박죄 등이 있다.

첫째, 협박죄는 사람을 협박하는 것이다(형법 제283조). 예를 들어 죽여 버리겠

---

20) 형법 제115조(소요) 다중이 집합하여 폭행, 협박 또는 손괴의 행위를 한 자는 1년 이상 10년 이하의 징역이나 금고 또는 1천 500만원 이하의 벌금에 처한다.

21) 형법 제136조(공무집행방해) ①직무를 집행하는 공무원에 대하여 폭행 또는 협박한 자는 5년 이하의 징역 또는 1천만원 이하의 벌금에 처한다.

22) 형법 제146조(특수도주) 수용설비 또는 기구를 손괴하거나 사람에게 폭행 또는 협박을 가하거나 2인 이상이 합동하여 전조 제1항의 죄를 범한 자는 7년 이하의 징역에 처한다.

23) 형법 제297조(강간) 폭행 또는 협박으로 사람을 강간한 자는 3년 이상의 유기징역에 처한다.

24) 형법 제333조(강도) 폭행 또는 협박으로 타인의 재물을 강취하거나 기타 재산상의 이익을 취득하거나 제삼자로 하여금 이를 취득하게 한 자는 3년 이상의 유기징역에 처한다.

다, 다리를 분질러 놓겠다, 가만두지 않겠다, 목을 자르겠다, 사진을 유포하겠다, 언론에 알리겠다는 등의 해악을 고지함으로써 상대방이 현실적으로 겁을 먹은 경우에 협박죄가 성립된다. 최근 학교폭력 가해자의 부모가 피해자의 부모의 직장에 전화를 하여 "오늘 밤 뒷목 조심하라."고 말한 사건에서, 법원은 협박죄가 성립된다고 판단하였다.[25] 그렇지만, 제 명에 죽지 못한다. 천벌을 받을 것이다 등의 경우에 보통은 상대방이 현실적으로 겁을 먹지 않기 때문에 협박죄가 성립되지 않는다. 한편, 성관계 동영상 등을 유포하겠다고 말하는 협박죄도 늘고 있다.[26] 이 경우 성관계 동영상을 촬영한 것은 성폭력범죄의 처벌 등에 관한 특례법상 카메라 등을 이용한 촬영죄(제14조 제1항), 이 촬영물을 이용하여 협박한 것은 동법상 촬영물 등을 이용한 협박죄(제14조의3)가 된다.[27]

둘째, 존속협박죄는 자기 또는 배우자의 직계존속에 대하여 협박한 것이다(제283조 제2항).

셋째, 특수협박죄는 단체 또는 다중의 위력을 보이거나 위험한 물건을 휴대하여 사람을 협박하는 것이다(제284조). 특수폭행과 마찬가지로 위험한 물건에 자동차가 포함되고, 운전자가 난폭운전으로 승객에게 공포감을 준 경우 이것은 특수협박죄가 인정된다.[28]

넷째, 상습협박죄는 상습으로 사람을 협박하는 것이다(제285조). 상습범은 일정한 범죄를 반복하는 버릇에 의하여 성립하는 범죄로 해당 범죄를 범한 전과가 필요한 것은 아니다.

공갈의 의의

공갈은 일정한 해악을 고지하여 상대방이 겁을 먹게 하여, 재산상 이익을 취득하고자 하는 것이다. 해악을 고지하는 부분은 협박과 유사하지만, 재산상 이익을 취득하고자 하는 부분에서 차이가 있다. 따라서 협박죄는 자유에 관한 죄이지만, 공갈죄는 재산범죄이다.

---

25) 학교폭력 피해자 가족 협박한 학부모 '벌금형'(SBS 뉴스 2012.8.30.)

26) "신체 동영상 유포" 여자친구 협박 경찰관 집유(매일신문, 2018.4.23.)

27) "너도 이건 감당해라" 이별 요구 여친에 촬영물 유포 협박(국민일보 2021.5.24.)

28) 법원, 승객 태우고 난폭운전 한 택시기사 '특수협박죄' 인정(로이슈, 2015.11.18.)

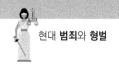
공갈죄의 유형

우리 형법에서 정하고 있는 공갈죄로는 공갈죄, 특수공갈죄, 상습공갈죄 등이 있다.

첫째, 공갈죄는 사람을 공갈하여 재물의 교부를 받거나 재산상의 이익을 취득하는 것이다(형법 제350조). 공갈의 예로는 상대방의 약점, 비밀과 같은 불리한 사실을 세상에 알리겠다고 협박하여 겁을 먹은 피해자로부터 요구대로 재물을 교부받은 경우, 요구한 돈을 주지 않자 탈세한 사실을 경찰이나 세무서에 알리겠다고 하는 경우, 도박자들의 약점을 이용하여 경찰에 신고하겠다고 겁을 주어 도박에 제공된 돈을 갈취하는 경우 등이 있다.

유명 연예인이 공갈죄의 피해자가 되는 경우가 많다. 대표적인 예로 영화 '친구'에서 조직폭력배의 실제 모델이었던 사람이 영화감독을 협박해 영화제작사 등으로부터 돈을 갈취한 혐의로 기소되었는데, 대법원은 이들에게 공갈죄를 인정하였다.[29] 또 배우나 프로선수 등에게 "사생활을 폭로하겠다" "휴대전화를 해킹한 내용을 폭로하겠다"며 거액을 요구한 사람들도 공갈죄 혐의로 기소되었고, 법원에서 유죄판결을 받았다.[30] 여성 연예인의 해결사 노릇을 자처하면서 이 연예인을 성형수술했던 의사를 협박해 700만 원 상당 재수술을 하도록 하고, 다른 병원 치료비를 받아낸 전직 검사에게도 공갈죄가 인정되었다.[31]

둘째, 특수공갈죄는 단체 또는 다중의 위력을 보이거나 위험한 물건을 휴대하여 사람을 공갈하여 재물의 교부를 받거나 재산상의 이익을 취득하는 것이다(형법 제350조의2).

셋째, 상습공갈죄는 상습으로 사람을 공갈하여 재물의 교부를 받거나 재산상의 이익을 취득하는 것이다(형법 제351조). 영화가 재미없다며 공짜표를 받아내고, 짬뽕을 먹고 배탈이 났다며 탕수육을 서비스로 받고 보험 처리를 해주지 않으면 관할구청에 신고하겠다고 협박한 이른바 블랙컨슈머에게 상습공갈죄를 인정한 사례가 있다.[32]

---

29) 대법원, "영화 '친구' 감독 협박 갈취는 유죄" (SBS 뉴스 2005.7.28.)

30) "사생활 폭로하겠다" 유명 프로야구 선수 돈 뜯은 전 여친 집유(조선일보 2021.4.16.)

31) 법원 "에이미 해결사 검사, 일부 공갈만 유죄… 집행유예 2년"(국민일보 2014.6.27.)

32) 영화 재미없다… 짬뽕 때문에 배탈… 햄버거 먹고 장염, 상습 진상 블랙 컨슈머 실형(국민일보 2015.1.21.)

제6장

명예에 관한 범죄

1. 명예훼손죄

헌법의 표현의 자유와 형법상 명예훼손죄

민주주의 국가에서 국민이 자신의 의사를 내면적으로 형성하고 이를 외부적으로 표현할 수 있어야 한다. 이러한 과정을 보호하는 토대가 되는 것이 바로 헌법상 언론·출판의 자유이다(헌법 제21조). 다만, 이러한 언론·출판의 자유에도 그 한계가 있는데, 바로 타인의 명예나 권리 그리고 공중도덕, 사회윤리이다. 만약 언론·출판이 타인의 명예나 권리를 침해한 때에는 형사상 명예훼손죄가 되고(형법 제307조), 피해자는 가해자에게 민사상 손해배상을 청구할 수 있게 된다(헌법 제21조 제4항 및 민법 제750조).[33]

명예훼손죄

명예훼손죄는 공연히 사실을 적시 또는 허위의 사실을 적시하여 사람의 명예를 훼손하는 것이다(제307조). 명예훼손죄가 문제된 사건에서는 구성요건 요소들이 충족되어 있는지 다투어지는데, 구체적으로 살펴보면 다음과 같다.

첫째, 공연성이 있어야 한다. 여기서 '공연히'란 불특정 또는 다수인이 인식할 수 있는 상태를 말한다. 이러한 공연성에 관해서 대법원은 "비록 개별적으로 한 사람에게 유포하더라도 이로부터 불특정 다수인에게 전파될 가능성이 있다고 공연성의 요건이 충족된다."라고 하여, 전파성 이론을 지지하고 있다. 회사동료 1명에게 알린 경우, 1:1대화방에서 나눈 이야기이더라도 대화상대방이 전파할 가능성이 있다면 공연성이 인정된다.[34]

둘째, 사실의 적시 또는 허위 사실의 적시가 있어야 한다. 사실의 적시란 증거로 증명될 수 있는 구체적인 사실 또는 허위의 사실을 지적하거나 표시하는 행위이다. 흔히 다른 사람에 관한 험담이나 뒷담화를 하는 경우가 해당된다. 그렇지만 "그 놈은 나쁜 놈이에요" "이 영화는 내용과 구성 모두 수준이 떨어지네요" "그런 사람은 10년 뒤에 쫄딱 망할 거예요"와 같은 표현은 사실의 적시라고 보기 어렵다. 허위 사실의 적시란 객관적인 진실에 부합하지 않은 사실의 적시를 말한다. 최근에는 다른

---

33) 회사동료 1명에게 "OOO는 팀장 접대하러 갔다" 험담… 명예훼손 해당되나…법원 "사회적 평가 침해하는 표현, 전파가능성도 있어… 150만원 배상하라(법률신문 2016.10.20.)

34) 가족 제외한 사람에게 불륜 알리면 명예훼손… 벌금 300만원(서울신문 2017.5.3.)

사람의 사진을 합성하는 합성사진도 허위 사실의 적시로 인정되고 있다. 다만 합성 사진의 유포는 인터넷을 통하여 이루어지고 있어 주로는 정보통신망 이용촉진 및 정보보호 등에 관한 법률상 사이버 명예훼손죄로 처벌된다(동법 제70조).[35] 허위 사실의 적시로 인한 명예훼손의 경우에는 사실적시에 의한 명예훼손보다 무겁게 처벌된다.

한편, 최근 미투 운동과 관련하여 성범죄 피해자가 피해사실을 적시한 것을 두고, 성폭력 가해자 측에서 자신의 명예가 훼손되었다고 주장하면서 성폭력 피해자를 명예훼손으로 고소하는 사례가 늘어나면서, 명예훼손 중 사실적시 명예훼손죄에 대한 폐지주장이 나오고 있다.[36] 외국의 입법례를 보면 사실적시 명예훼손죄 자체가 없고, 있어도 기소 사례가 드물다. 이에 따라 현재 국회에도 사실적시 명예훼손죄를 폐지하는 내용의 입법안이 제출된 상태이다.

셋째, 사람에 대한 명예훼손이 있어야 한다. 명예훼손죄는 어떤 특정한 사람 또는 인격을 보유하는 단체에 대하여 그 명예를 훼손함으로써 성립하는 것이므로 그 피해자는 특정되어야 한다.[37] 명예훼손의 피해자에 정부 또는 국가기관 등도 포함되는지 문제된다. 법원은 정부기관 중 하나인 국가정보원이 명예가 훼손되었다고 제기한 소송에서, 정부 또는 국가기관은 명예훼손의 피해자가 될 수 없다고 판시하였다. 법원은 "국가는 국민의 기본권을 보장할 의무를 지는 수범자이지 기본권을 누릴 수 있는 주체는 아니며, 국가 기관의 업무는 국민들의 광범위한 비판과 감시의 대상이 될 수밖에 없고 국가는 이를 반드시 수용해야 한다."며 원칙적으로 국가는 명예훼손으로 인한 피해자로서 소송을 제기할 적격이 없다고 판시하였다.[38]

넷째, 사람의 명예훼손이 있어야 한다. 명예란 사람의 인격가치에 대한 사회적인 평가를 말한다. 법원은 채팅방에서 대머리라고 한 사건,[39] 남자친구의 아이를 임신했다고 말한 사건[40] 등에서 이러한 표현 자체가 사회적 가치나 평가를 낮추지 않는다고 보아 명예훼손을 인정하지 않았다.

사실적시의 명예훼손의 경우에는 구성요건요소가 충족되더라도, 사실의 적시가 진실한 사실로서 오로지 공공의 이익에 관한 때에는 위법성이 조각되어 처벌되지 아

---

35) "합성 나체사진 유포는 인격살인"…법원, 벌금형 깨고 실형(조선일보 2018.7.9.)

36) '사실 적시 명예훼손죄 폐지'는 세계적 흐름(법률신문뉴스 2018.12.6.)

37) 법원 "피해자 특정 안돼" 아이디·닉네임 대상 악플엔 줄줄이 무죄(한국일보 2020.4.3.)

38) "박원순의 국정원 비판 국가 명예훼손 아니다"(한겨레 2010.9.15.)

39) 대법 "대머리라 불러도 명예훼손 안돼"(한국경제 2011.11.3.)

40) 남자친구 변심에 '임신' 폭로…법원 "명예훼손으로 볼 수 없어"(아시아투데이 2015.5.3.)

니한다(형법 제310조). 주로 신문이나 잡지의 기사들은 공공의 이익을 위한 사실적
시로 인정된다.[41] 이 외에도 시민단체들이 환경의 보호, 소비자의 권리보호 등 공공
의 이익을 위하여 사실을 적시한 경우에도 명예훼손죄가 성립되지 않는다.[42]

사자명예훼손죄

보통 사람들은 사망한 자, 즉 사자(死者)에 관하여 다양한 사회적인 평가를 한
다. 이러한 경우를 생존해 있는 사람에 대한 인격가치에 대한 사회적인 평가를 말
하는 것과 동일하게 볼 수는 없다. 그렇지만 아무리 사자(死者)라고 하더라도 공연
히 그에 관해 허위의 사실을 적시하는 것은 문제될 수 있다. 이에 형법은 공연히 허
위의 사실을 적시하여 사자의 명예훼손을 한 경우에는 사자의 명예훼손으로 처벌한
다(제308조). 다만, 사자명예훼손죄는 고소가 있어야 공소를 제기할 수 있는 친고죄
이다(제312조 제1항).[43] 최근 세월호 사망자,[44] 5·18 희생자[45] 등 사망한 자에 대한
허위 사실을 적시하여 사자의 명예를 훼손한 자를 유가족이 고소한 사례에서 법원
은 유죄판결을 선고하고 있다.

출판물 등에 의한 명예훼손죄

사람들 사이에서 입소문으로 명예가 훼손된 것이 아니라 신문, 잡지 등 많은 사
람들이 볼 수 있는 출판물에 의해서 명예가 훼손된다면, 피해자가 입게 되는 피해
의 정도는 매우 크게 된다. 그래서 형법은 사람을 비방할 목적으로 신문, 잡지 또는
라디오 기타 출판물에 의하여 사실 또는 허위의 사실을 적시하여 명예훼손을 할 경
우 가중하여 처벌하는 규정을 두고 있다(형법 제309조).

이와 같이 출판물 등에 사실을 적시한 것도 명예훼손이 된다면, 신문 기자나 방
송 기자들이 보도 과정에서 공연한 사실을 적시하면 무조건 출판물 등에 의한 명
예훼손죄가 성립할까. 실제로 어떠한 사실이 보도되면 사건 당사자들이 기자나 PD
등을 명예훼손으로 고소하기도 한다. 이 경우 기자 등이 적시한 사실이 공공의 이
익에 관한 것인 경우에는 법원은 특별한 사정이 없는 한 비방할 목적은 부인되는 것

41) '박정희·박지만 명예훼손' 주진우·김어준, 대법원서 무죄 확정(동아일보 2017.12.7.)

42) "폐수 방류" 내부고발 환경미화원 명예훼손 유죄→무죄(연합뉴스 2017.11.29.)

43) '노무현 명예훼손' 조현오 前경찰청장 대법원, 징역 8월 원심 확정(법률신문 2014.3.13.)

44) 세월호 희생자 비하한 명문대생 징역 1년 확정(동아일보 2015.3.21.)

45) '사자명예훼손' 전두환 유죄…"5·18 헬기사격 인정"(한국일보 2020.11.30.)

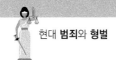

으로 판단한다. 다만, 비방할 목적이 부인되는 것은 사실을 적시한 경우이고, 허위의 사실을 적시한 경우에는 비방의 목적이 인정된다.[46]

---

46) "서울시의원 불륜" 허위사실 보도 기자 벌금형(아주경제 2020.11.30.)

2. 사이버 명예훼손죄

사이버 명예훼손의 심각성

인터넷, 스마트폰, 사회관계망서비스(SNS) 등의 발달로 인해 일반들도 이전보다 자신의 의사를 손쉽게 표현할 수 있게 되었다. 예를 들어 인터넷 카페나 블로그 등의 게시물을 올리거나 댓글을 쓰고, 각종 SNS에 글을 쓰고 기사에 댓글을 다는 등 다양한 방법으로 자신의 의사표현을 한다. 인터넷과 SNS에서는 직접 자신의 얼굴과 신분을 드러내지 않기 때문에 다소 서투르고 거친 의사표현이라도 비교적 자유롭게 의사를 표현할 수 있다.

하지만 인터넷과 SNS 등에 글을 쓰거나 사진을 올리는 사람들이 자신만의 감정에 치우쳐 욕설이나 명예훼손적 발언을 하는 경우가 적지 않다. 심지어는 매우 악의적으로 악플을 일삼는 사람도 많다. 그런데 명예훼손이 사이버 상에서 이루어질 때 그 피해는 매우 크다. 그래서 정보통신망 이용촉진 및 정보보호 등에 관한 법률은 이른바 '사이버 명예훼손'을 형법상 명예훼손보다 가중하여 처벌하는 규정을 두고 있다.

사이버 명예훼손죄

정보통신망 이용촉진 및 정보보호 등에 관한 법률(약칭 : 정보통신망법)에 의하여 사람을 비방할 목적으로 정보통신망을 통하여 공공연하게 사실 또는 거짓의 사실을 드러내어 다른 사람의 명예를 훼손한 자를 처벌한다(제70조). 인터넷에서 거짓말이 아니라 사실, 즉 진실을 말했다고 하더라도 그것이 다른 사람의 명예를 훼손한 경우에는 엄하게 처벌하고 있다는 점을 기억해 두어야 할 것이다.

최근에 정보통신망법상 사이버 명예훼손으로 인정된 사례들로는 다음과 같은 것이 있다.

첫째, SNS 대화방에 타인을 비방하는 글, 폭로하는 글, 사생활을 침해하는 글을 올린 경우이다. 비방이란 공개적으로 타인에 대해 나쁘다고 말하거나 헐뜯는 행위를 말한다. 폭로는 타인과 관련된 특정 사실 또는 거짓의 사실을 유포하는 행위를 말한다. 법원은 한 여성이 남편을 비방하는 글을 SNS에 올려 친구로 등록된 지인들이

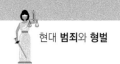

관련 사실을 알게 한 사건에서, 남편의 명예가 훼손되었다고 판단하였다.[47] 한편, 비공개 대화방에서 말한 경우에 공연성이 문제될 수 있는데, 앞서 살펴본 바와 같이 대화상대방이 전파할 가능성이 있다면 공연성이 인정된다.[48]

둘째, SNS에 지인이나 다른 사람의 사진을 합성하여 올린 것 역시 정보통신망법상 사이버 명예훼손으로 처벌될 수 있다.[49]

셋째, 인터넷이나 SNS 등에 상대방을 비방하는 동영상을 유포하는 경우이다. 최근에는 동영상을 제작하여 게시하는 것이 보편적인 활동이 되고 있는데, 동영상 이용자가 급증하고 이용시간도 길어지면서 사람들의 시선을 붙잡아 두기 위한 자극적인 정보가 난무하고 있다. 여기서 유명인뿐 아니라 일반인 채널 운영자나 구독자까지도 무차별적으로 비방하는 이른바 '악성 콘텐츠'가 확산되고 있다.[50] 이러한 경우에도 명예훼손을 인정된다.[51]

넷째, 일정한 기사 등에 악성댓글을 다는 경우이다. 인터넷 기사 등에 단 댓글이 비방의 목적으로 사실의 적시 또는 허위사실의 적시로 타인의 명예를 훼손한 것이라면 정보통신망법상 명예훼손이 될 수 있다. 특히 유명한 연예인, 정치인 등이 댓글로 인한 정신적 피해 등을 이유로 댓글을 단 사람들을 고소하는 사례가 빈번히 발생하고 있다.[52] 다만, 댓글에 대해서 정보통신망법상 명예훼손을 넓게 인정할 경우에 표현의 자유가 침해될 소지가 있다. 이에 최근 법원은 사실의 적시이든 허위의 적시이든 비방의 목적이 인정된 경우에만 정보통신망법상 명예훼손을 인정하려는 입장이다.[53]

인터넷 사용이나 SNS 활동 중 사이버 명예훼손 가해자가 되지 않기 위해서는 인터넷상 글도 오프라인 상의 말이나 글과 동일하다는 것을 인식해야 할 것이다. 그리고 자신의 의사를 표현하는 것도 중요하지만, 타인의 생각이나 사생활도 존중받아야 함을 기억하자.

---

47) 카톡 프로필에 올린 '비방글' 명예훼손일까?(YTN 2015.10.3.); 이른바 '단톡방'에서의 뒷담화, 형사처벌될 수 있다(연합뉴스 2018.3.7.)

48) 가족 제외한 사람에게 불륜 알리면 명예훼손… 벌금 300만원(서울신문 2017.5.3.)

49) 블로그에 女합성사진 올린 20대男 '법정구속'(아시아경제 2018.7.10.); SNS 지인 사진에 나체 사진 합성…법원 "사회적·인격적 살인" (KBS 뉴스 2018.7.10.); "음란물 주인공" 엉뚱한 여성사진 인터넷 공개 20대 집유2년(연합뉴스 2017.11.15.)

50) '일단 던지고 보는' 유튜버·구독자…'명예훼손' 고소·고발 급증(경향신문 2021.8.2.)

51) "김미화가 광우병 선동" 허위 동영상 게시 유튜버 1심 집유(연합뉴스 2019.2.21.); 보수 유튜버 우종창 법정구속… "조국 명예훼손" 징역 8개월(동아일보 2020.7.18.)

52) 아이유 "악플러들 벌금형 받았다, 앞으로도 선처 없다"(조선일보 2021.1.25.)

53) 인터넷에 솔직한 이용후기를 남긴 것은 사이버명예훼손에 해당되지 않아(디지털타임스 2017.3.9.)

사이버 명예훼손의 대처방법

상당수의 국민이 인터넷과 SNS를 사용하고 있는 현실에서 누구라도 정보통신망법상 명예훼손의 피해자가 될 수 있다.[54] 사이버 명예훼손 피해자는 다음과 같이 대처할 수 있다.

첫째, 주요 포털사이트, 언론사 홈페이지 등의 운영자에게 해당 게시 글이나 사진의 삭제, 특정 검색어 사용중단 등을 요청하는 것이 좋을 것이다. 해당 사이트의 고객센터를 통해서 의 '명예훼손 신고' 및 '게시중단 요청'을 할 수 있다. 이 경우에 화면캡처 등의 방법으로 명예훼손에 관한 증거자료를 확보한 후 신청하는 것이 좋을 것이다.

둘째, 사이버 명예훼손 피해자는 경찰청에 고소할 수 있다.[55] 경찰청 자료에 따르면 사이버 명예훼손 및 모욕죄 2014년 8,880건에서 2018년 15,926건으로 크게 늘어났으며, 이로 인한 검거건수(검거인원) 역시 2014년 6,241건(8,899명)에서 2018년 10,889건(15,479명)으로 증가했다.[56] 최근 경찰은 사이버 명예훼손의 경우에 진술서나 증거를 경찰에 출석할 필요 없이 온라인으로도 제출할 수 있도록 시스템을 개편하였다. 또한 사이버 명예훼손의 폐해를 우려하는 목소리가 커지자 법원은 최근 들어 엄벌주의 경향을 보이고 있다. 최근 법원은 허위의 댓글을 지속적으로 달아 온 한 악플러들에게 징역형을 선고하고 있다.

셋째, 사이버 명예훼손 피해자는 가해자를 상대로 민사상 손해배상을 청구할 수 있다.[57] 형사사건에서 증거불충분 등으로 명예훼손 가해자가 무죄판결을 받더라도, 그와 무관하게 명예훼손으로 인한 인격권 침해 등으로 정신적 피해를 입었다면 손해배상을 받을 수 있다.[58] 이 경우 방송통신위원회의 인터넷 피해구제를 통하여 명예훼손과 관련된 분쟁조정을 받을 수 있다.[59]

---

54) 5,000만이 사이버 비방·유언비어 노출…(서울경제 2018.2.4.)

55) 경찰청 사이버안전국 http://cyberbureau.police.go.kr/index.do

56) 사이버 명예훼손·모욕 범죄 급증(리걸타임즈 2019.10.23.)

57) '국정원 댓글 피해' 이정희, 원세훈에 2000만원 배상받는다(뉴시스 2018.6.20.)

58) 정미홍, 명예훼손 파워블로거 상대 2000만원 배상 승소(국민일보 2015.10.26.)

59) 방송통신심의위원회 권익보호국 http://remedy.kocsc.or.kr/ddmsIndex.do

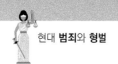
 3. 모욕죄

형법상 모욕죄

공연히 사람을 모욕하면 모욕죄가 성립한다(형법 제311조). 모욕죄의 규정을 통해서 모욕죄의 구성요건요소를 좀 더 세부적으로 살펴보자.

첫째, 모욕죄 역시 공연성이 요구된다. 모욕죄의 공연성이 인정되었던 사례는 다른 사람들이 있는 곳에서 말한 경우가 대표적이다. 최근에는 인터넷이나 SNS 등에서 모욕을 한 경우도 많은데, 역시 공연성이 인정된다. 다만, 모욕의 경우에는 정보통신망법상 모욕죄 규정이 없어서, 인터넷이나 SNS 등에서 모욕을 하는 경우에 명예훼손죄와 달리 형법상 모욕죄로 처리하고 있다.

둘째, 사람에 대한 모욕이어야 한다. 피해자는 특정되어야 한다. 한 국회의원이 대학생들과 대화하는 자리에서 여성 아나운서를 비하하는 내용의 발언을 하자, 아나운서들이 모욕죄로 고소를 한 사건이 있었다. 이에 대법원은 "이 발언은 여성 아나운서 일반을 대상으로 한 것으로서 개별 구성원들에 이르러서는 비난의 정도가 희석돼 피해자 개개인의 사회적 평가에 영향을 미칠 정도까지는 이르지 않으므로 형법상 모욕죄에 해당한다고 보기 어렵다"고 판시했다. 그러나 인터넷 기사의 댓글에서 피해자의 실명을 거론하지 않더라도 표현의 내용을 주위사정과 종합해 볼 때 특정인을 지목한 것임을 알 수 있는 경우에는 모욕죄가 성립된다.[60]

셋째, 모욕하여야 한다. 모욕의 사전적 의미는 깔보고 욕되게 함이다. 그래서 모욕의 대표적인 예는 욕설을 하는 것이다. 법원에서 인정된 모욕의 예로는 "무식이 하늘을 찌르네"[61] "무뇌아"[62] "선임병의 욕설"[63] "이런 최순실 같은"[64] 등이 있다. 뿐만 아니라 법원은 "주먹 쥐고 상대방을 노려본 행위"에 대해서도 "이런 행동은 피해자의 사회적 평가를 저하시킬 만한 추상적인 판단, 경멸적 감정을 표현한 것이므로 피해자에게 모욕감을 준 사실을 인정할 수 있다."고 판단했다.[65]

---

60) 法 "악플에 실명 없어도 특정인 추정되면 모욕죄 성립"(서울신문 2016.7.26.)

61) "무식이 하늘 찌르네"…단톡방 뒷담화도 모욕죄(SBS 뉴스 2016.9.4.)

62) '무뇌아' 썼다가 벌금… 폭증하는 사이버 모욕죄(국민일보 2016.4.8.)

63) 전역 뒤 선임병 고소…상습협박·모욕죄로 벌금 60만원 선고(아주경제 2012.7.19.)

64) "최순실 같은 X" 비하하면 모욕죄…법원, 벌금·징역형 선고(매일경제 2017.9.29.)

65) "주먹 쥐고 눈 부릅떠도 모욕죄"… 법원 "경멸적 감정 표현한 것"(동아일보 2015.9.10.)

모욕죄는 친고죄

모욕죄는 친고죄로 피해자의 고소가 있어야 검찰이 공소를 제기할 수 있다(제312조 제1항). 따라서 두 사람이 욕설을 포함한 대화를 주고받는 것을 보고, 제3자가 고발하더라도 모욕죄로 공소를 제기할 수 없다. 그러나 최근에는 모욕죄의 사건 수는 급증했다. 검찰연감을 보면, 2000년 검찰에 접수된 모욕죄 사건은 1,858건이 었으나 2019년엔 48,249건이다. 20년 만에 사건 수가 약 26배 늘어났다. 최근 10년 사이에는 1년에 최소 5,000건 이상씩 늘었다. 이는 예전과 달리, 욕설 등 모욕이 있는 경우에 사사로운 다툼으로 치부하며 적당히 넘어가지 않는다는 뜻이다.

뿐만 아니라 최근 인터넷, SNS 등 각종 사이버 공간에서 댓글 게시자 수백 명을 상대로 모욕죄로 고소한 후 고액의 합의금을 요구하는 등 '고소 제도 남용' 사례가 급증하고 있다. 모욕죄의 피해자가 수백만 원의 민사상 손해배상금을 요구하고 이를 받으면 모욕죄로 고소하지 않고, 손해배상금을 받지 못하면 모욕죄로 고소하는 것이다. 또는 자신들에게 불리한 보도나 온라인 게시물이 나오면 일단 모욕지 등으로 고소부터 하는 것이다. 이에 검찰이 모욕죄 고소 남발 피해를 막기 위해, 모욕죄의 가해자를 분류하여 처리하는 기준을 마련했다. 우선, 모욕의 정도가 심한 악성 댓글을 반복해 올리거나 성적 수치심을 일으키는 표현 등을 담은 댓글을 작성하는 모욕죄 가해자는 엄벌하기로 하였다. 그렇지만, 비하·욕설이 담긴 댓글이라도 한 번에 그치고, 작성자가 반성하면서 댓글을 삭제하는 등 정상을 참작할 만한 사유가 있으면 교육을 조건으로 기소유예 처분을 내릴 방침이다. 모욕죄 피해자가 합의금을 목적으로 여러 사람을 고소하고 부당하게 합의금을 요구하는 등 고소권을 남용했다고 보이면, 모욕죄 피해자에게 공갈죄나 부당이득죄 등을 적용하기로 하였다.[66]

법정 또는 국회회의장 모욕죄

우리는 얼마든지 법원의 판결이나 국회의 결정에 대해 반대의사를 표시하거나 비판할 수 있다. 그렇지만 법원의 재판이나 국회의 심의를 방해해서는 안된다. 사법부의 재판기능과 입법부의 심의기능을 보호하는 것이야말로 민주주의 수호의 핵심요소이기 때문이다. 법정에서 자기에게 불리한 재판을 할 것이 예상된다고 하여 법정이나 그 부근에서 재판진행을 방해할 정도로 평온을 교란하거나 질서를 파괴

---

66) '악성댓글 모욕죄 고소' 급증··· 검찰, 합의금 목적 고소 공갈죄로 처벌(국민일보 2015.4.12.)

하는 소란행동을 한다면, 법원은 사법기능 수호차원에서 당장 법원조직법상 사법경찰권을 발동하거나 법정 모욕죄(형법 제138조)로 고발하는 등의 조치를 취할 수 있다.[67] 국회의원 등 누구라도 국회의 심의를 방해할 목적으로 소동을 일으키거나 모욕을 할 경우 국회회의장 모욕죄로 처벌받을 수 있다.[68]

외국원수 등 모욕죄

외국원수 등에 대해서 모욕할 경우에는 국가 간 공조나 우호관계에 악영향을 줄 수 있다. 따라서 대한민국에 체재하는 외국의 원수에 대하여 모욕을 가하거나 명예를 훼손한 자 또는 대한민국에 파견된 외국사절에 대하여 모욕을 가하거나 명예를 훼손한 자는 처벌받을 수 있다(형법 제108조). 참고로 최근 독일에서는 터키 대통령을 조롱한 독일 코미디언을 독일법상 외국원수모욕죄로 처벌할 것인지 문제되었고, 사건은 불기소처분으로 일단락되었다. 2018년 독일 하원은 외국원수모욕죄를 폐지하였다.[69]

67) '툭하면 법정모욕' 40대男 3번째 실형(뉴시스 2007.12.6.)

68) '국회 최루탄 투척' 김선동 의원 집행유예(연합뉴스 2013.2.19.)

69) 獨 형법서 '외국 국가원수 모독' 처벌 조항 삭제(연합뉴스 2017.6.4.)

제7장

성에 관한 범죄

1. 성범죄 일반론

성범죄 용어

2017년 미국의 유명 영화제작자의 성범죄 피해 사실을 밝히며 그 심각성을 알린 일명 '미투(#MeToo)' 캠페인이 확산되었다. 국내에서도 2018년 법조계, 문단계, 연극계, 문화·예술계, 정치계로까지 미투캠페인이 번지면서 사회적으로 큰 이슈가 되었다. 그러면서 성범죄와 관련된 성폭행, 성폭력, 성추행, 성희롱, 업무상 위계에 의한 간음 등가 같은 용어들이 사용되었다. 뿐만 아니라 성범죄를 지칭하는 강간이나 강제추행과 같은 용어들도 있다. 성범죄를 다루기에 앞서 성범죄와 관련된 용어들부터 정의하기로 한다.

첫째, 간음이란 부부가 아닌 남녀가 성관계를 맺는 것을 말한다. 2015년까지는 폭행, 협박 등이 동반되지 않은 단순 간음만으로도 형법상 간통죄로 처벌되었다. 그러나 2015년 헌법재판소가 형법상 간통죄 규정에 대해 위헌결정을 내리면서 형법상 간통죄는 폐지되었다. 따라서 간음 자체만으로는 범죄가 아니다.

둘째, 성폭행이란 폭행 또는 협박 따위의 불법적인 수단으로 사람을 간음하는 것을 말한다. 강간을 완곡하게 이르는 말이기도 하다. 우리 형법은 성폭행이라는 용어가 아닌 강간이라고 규정하고 있다(형법 제297조).

셋째, 성추행이란 일반적으로 일방적인 성적 만족을 위하여 물리적으로 신체적 접촉을 가함으로써 상대방에게 성적 수치심을 불러일으키는 행위를 말한다. 우리 형법은 성추행을 강제추행으로 규정하고 있다(형법 제298조).

넷째, 성희롱이란 상대방의 의사와 관계없이 성적으로 수치심을 주는 말이나 행동을 하는 것을 말한다. 우리 법률은 '직장 내 성희롱'을 '사업주·상급자 또는 근로자가 직장 내의 지위를 이용하거나 업무와 관련하여 다른 근로자에게 성적 언동 등으로 성적 굴욕감 또는 혐오감을 느끼게 하거나 성적 언동 또는 그 밖의 요구 등에 따르지 아니하였다는 이유로 근로조건 및 고용에서 불이익을 주는 것'으로 정의하고 있다(남녀고용평등과 일·가정 양립 지원에 관한 법률 제2조 제2호). 직장 내 성희롱은 원칙적으로 직장 내 문제로 피해자는 그 사실을 해당 사업주에게 신고할 수 있고, 조사 결과 직장 내 성희롱 발생 사실이 확인된 때에는 지체 없이 직장 내 성희롱 행위를 한 사람에 대하여 징계, 근무장소의 변경 등 필요한 조치를 하여야 한다. 여기서

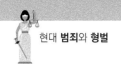

사업주가 내릴 수 있는 징계로는 파면,[70] 해임 또는 해고,[71] 정직,[72] 감봉,[73] 강등,[74] 승진 제한 등이 있다. 물론 사실관계에 따라서 성희롱이 강간, 강제추행 등에 해당할 경우에 피해자는 경찰에 고소하여 가해자가 **형사처벌**을 받도록 할 수 있다.[75]

　다섯째, 성매매는 성을 사고 파는 행위, 일정한 대가를 주고 받기로 하는 성행위 및 이에 준하는 행위를 말한다. 우리나라는 성매매알선 등 행위의 처벌에 관한 법률을 제정하여 성매매를 처벌하고 있다.

　여섯째, 성폭력이란 성적인 행위로 남에게 육체적 손상 및 정신적, 심리적 압박을 주는 물리적인 강제력을 행사하는 것을 말한다. 따라서 성폭력은 성폭행, 성추행, 성희롱 등을 모두 포함하는 개념이라고 할 수 있다(성폭력범죄의 처벌 등에 관한 특례법 제2조).

성범죄 관련 법률

　최근 발생하고 있는 성범죄를 분석해보면, 그 유형, 방법, 대상 등이 다양해지고 있다. 이러한 상황에서 성범죄의 재범을 방지하기 위해서 성범죄자에 대해서 처벌 강화하고, 피해자에 대해서 실질적인 피해구제 방안을 마련한 필요가 있었다. 이를 위해서 일반법인 형법 외에 성범죄와 관련된 다수의 법률이 제정되어 시행되고 있다.

　첫째, 성폭력범죄의 처벌 등에 관한 특례법이 있다. 이 법률은 성폭력범죄의 처벌 및 그 절차에 관한 특례를 규정하는 것을 목적으로 제정되었다. 이 법률에서는 친족관계에 의한 강간(제5조), 장애인에 대한 강간(제6조), 13세 미만의 미성년자에 대한 강간(제7조) 등에 대하여 처벌을 강화하고 있다. 형사소송법이 원칙적으로 자기 또는 배우자의 직계존속을 고소하지 못하도록 하는 규정하는 것과 달리, 이 법률은 예외적으로 성폭력범죄에 대해서는 자기 또는 배우자의 직계존속을 고소할 수 있도록 하고 있다(제18조). 그리고 음주 또는 약물로 인한 심신장애 상태에서 성폭력범죄를 범한 때에는 책임능력이 없음을 주장하더라도 이를 적용하지 아니할 수 있도록 하고 있다(제20조).

---

70) 법원 "초등생 제자 성희롱·학대한 교사 파면은 정당"(문화일보 2020.12.31.)

71) 여경 성희롱하고 불륜… 법원 "파출소장 해임 정당" (조신일보 2018.5.13.)

72) 여학생 가리키며 "여기 먹을거 많네"… 법원 "성희롱 교사 정직처분 정당(법률신문 2018.4.26.)

73) '女변호사 성희롱' 현직 판사 감봉 3개월(조선일보 2018.5.15.)

74) 청주지법, 여군 중위 성희롱 중령의 '성군기 위반' 소령 강등은 정당(로이슈 2015.8.18.)

75) 랩으로 여가수 성희롱… 대법원서 유죄 확정(조선일보 2019.12.13.)

둘째, 아동·청소년의 성보호에 관한 법률이 있다. 이 법률은 19세 미만의 자를 아동·청소년으로 정의하고, 아동·청소년에 대한 성범죄자의 처벌을 강화하고 있다.

셋째, 성매매알선 등 행위의 처벌에 관한 법률이 있다. 이 법률은 성매매, 성매매 알선 등 행위, 성매매 목적의 인신매매, 성을 파는 행위를 하게 할 목적으로 다른 사람을 고용·모집하거나 성매매가 행하여진다는 사실을 알고 직업을 소개·알선하는 행위 및 그 광고행위를 처벌하는 규정을 두고 있다. 한편, 성매매 피해자는 처벌하지 않고, 상담소 등에 인계 및 보호조치를 취하도록 한다.

넷째, 전자장치 부착 등에 관한 법률이 있다. 이 법률은 성폭력범죄 등을 저지른 사람의 재범방지를 위하여, 이들이 형기를 마친 뒤에 보호관찰을 받고, 위치추적 전자장치를 부착할 수 있도록 규정하고 있다.

다섯째, 성폭력범죄자의 성충동 약물치료에 관한 법률이 있다. 이 법률은 성폭력범죄를 저지른 성도착증 환자로서 성폭력범죄를 다시 범할 위험성이 있다고 인정되는 사람에 대하여 성충동 약물치료, 이른바 '화학적 거세'를 실시할 수 있도록 하고 있다.

여섯째, 성폭력방지 및 피해자보호 등에 관한 법률이 있다. 이 법률은 국가기관, 학교 등이 폭력을 방지하기 위한 성폭력예방교육을 실시하도록 하고 있다(제5조). 그리고 성폭력범죄의 피해자들이 보호시설에 입소할 수 있도록 하고, 치료, 법률상담, 취학 및 취업지원 등 받을 수 있도록 하고 있다.

2. 강간죄와 강제추행죄

형법상 강간죄

우리 형법에서 정하고 있는 강간죄로는 강간죄, 유사강간죄, 준강간죄, 강간상해·치상죄, 강간 등 살인·치사죄, 미성년자 등에 대한 간음죄, 업무상위력 등에 의한 간음죄, 13세 미만 미성년자에 대한 간음죄 등이 있다.

첫째, 강간죄는 폭행 또는 협박으로 사람을 강간한 것이다(제297조). 여기서 폭행 또는 협박은 피해자의 항거를 불가능하게 하거나 현저히 곤란한 정도여야 한다. 이 정도의 폭행 또는 협박이 인정되지 않을 경우 강간죄가 성립되지 않는다.[76] 강간의 대상은 '사람'이다. 여기서 사람은 여성 뿐만 아니라 남성, 성전환자도 포함된다.[77] 그리고 배우자 아닌 자 뿐만 아니라 동거녀,[78] 배우자[79]까지 포함된다. 결국 그 대상이 누구이든 피해자가 항거할 수 없도록 하는 폭행 또는 협박을 수단으로 하여 간음하면 강간죄가 성립된다.

둘째, 유사강간죄는 폭행 또는 협박으로 사람에 대하여 구강, 항문 등 신체(성기는 제외한다)의 내부에 성기를 넣거나 성기, 항문에 손가락 등 신체(성기는 제외한다)의 일부 또는 도구를 넣는 행위를 하는 것이다(제297조의2). 2012년 이 죄가 신설되기 전에는 성범죄가 발생했을 때 강간이 성립되지 않을 경우 비교적 가벼운 범죄인 강제추행으로 처벌할 수밖에 없었다. 그렇지만 강제로 소위 '유사성행위'를 한 경우 그 행위를 가볍게 볼 수 없어 유사강간이라는 규정을 새롭게 신설하였다.

셋째, 준강간죄는 사람의 심신상실이나 항거불능의 상태처럼 폭행 또는 협박이 필요없는 상태에 있는 사람을 간음하는 것이다(제299조). 항거불능은 주로 신체적인 사유로 인한 항거불능으로, 잠을 자는 사람[80]이나 술에 만취한 사람[81]을 대상으로 간음할 경우 성립된다. 최근에는 종교인 등이 자신의 지위나 권력, 신앙심 등을 이용해 피해자들을 심리적 항거불능 상태로 만든, 이른바 '그루밍' 성범죄의 경우에

---

76) 저항 못할 '폭행·협박' 없으면 강간죄가 아니라고?(한겨레 2021.1.23.)

77) 성전환자 성폭행범에 강간죄 최초 인정(연합뉴스 2009.2.18.).

78) 법원, 동거녀 성폭행 혐의 40대 징역 5년 선고(YTN 2018.1.28.)

79) 친정엄마 생각에 우는 아내 강간한 50내 남편 '징역 7년'(한겨레 2017.9.7.)

80) 잠자는 여자·술취한 여자 간음하면 준강간죄 처벌(노컷뉴스 2014.6.9.)

81) 술에 취해 성관계 ⋯ 준강간죄, 준강제추행죄에 해당(아주경제 2015.9.24.)

도 준강간이 인정되고 있다.[82]

넷째, 업무상 위력 등에 의한 간음죄는 업무, 고용 기타 관계로 인하여 자기의 보호 또는 감독을 받는 사람에 대하여 위계 또는 위력으로써 간음하는 것이다(제303조). 여기서 위계란 거짓으로 계책을 꾸미는 것을 말하고, 위력이란 상대를 압도할 만큼 강력한 힘을 말한다. 업무, 고용 관계에서는 폭행 또는 협박이 없더라도 위계나 위력으로서 상대방을 압도할 수 있고, 그러한 상황에서 간음할 경우 처벌하는 것이다.[83]

다섯째, 미성년자 등에 대한 간음죄는 미성년자 또는 심신미약자에 대하여 위계 또는 위력으로써 간음을 하는 것이다(제302조). 피해자가 미성년자 또는 심신미약자의 경우 폭행 또는 협박이 없이도 위계나 위력만으로 간음하더라도 범죄가 성립된다.[84]

여섯째, 13세 미만의 미성년자에 대한 간음죄는 말 그대로 13세 미만의 사람에 대한 간음행위를 하는 것이다(제305조 제1항). 강간과 동일하게 본다는 뜻으로 미성년자의제강간이라고도 한다. 보통 13세 미만의 자는 유치원, 초등학생인데 이들의 성은 무조건적으로 보호해야 하므로, 이들에게는 폭행, 협박, 위계, 위력 등 어떠한 수단을 쓰지 않고 간음하더라도 범죄가 성립된 것으로 본다. 심지어 이들이 동의하여 간음할 경우에도 범죄이다. 최근 초등학교의 여자교사가 초등학교에 다니는 남학생과 성관계를 맺은 사건이 있었는데, 이 사건에서 여자교사에게 적용된 범죄가 바로 '미성년제의제강간'이었다.[85]

한편, 텔레그램을 이용한 성착취 사건 등 사이버 성범죄로 인한 피해가 날로 증가하고 있는상황에서 미성년자 의제강간 연령기준을 높여야 한다는 국민적 요구에 따라 형법상 미성년자 의제강간 연령기준을 13세에서 16세로 상향하였다. 다만, 피해 미성년자가 13세 이상 16세 미만인 경우 19세 이상의 자에 대해서만 처벌한다(제305조 제2항).

형법상 강제추행죄

우리 형법에서 정하고 있는 강제추행죄로는 강제추행죄, 준강제추행죄, 미성년

---

82) '그루밍 성범죄' 이재록 목사, 징역 16년 확정(경향신문 2019.8.9.)

83) 法 "안희정, 업무상 위력으로 김지은 성폭행…집무실 추행은 무죄"(세계일보, 2019.9.9.)

84) 대법원 "미성년자는 협박·폭행 없어도 성폭행"(SBS 뉴스 2014.1.27.)

85) 법원, 초등생과 성관계 여교사에 항소심서도 징역 5년 선고(경남신문 2018.4.18.)

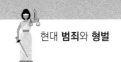

자 등에 대한 추행죄, 13세 미만 미성년자에 대한 추행죄 등이 있다.

첫째, 강제추행죄는 폭행 또는 협박으로 사람에 대하여 추행하는 것이다(제298조). 여기서 폭행이나 협박은 강간의 폭행 또는 협박과 달리 상대방의 의사에 반하는 유형력의 행사로 충분하다. 그리고 추행은 성교, 유사성교 이외의 행위로서 성욕의 흥분, 자극 또는 만족을 목적으로 하는 행위로서 건전한 상식 있는 일반인의 성적 수치나 혐오의 감정을 느끼게 하는 일체의 행위를 의미한다. 법원에 의해서 인정된 강제추행으로는 강제로 키스를 하거나[86] 껴안는 등의 행위 등이 있다.[87]

둘째, 준강제추행죄는 준강간죄와 마찬가지로 사람의 심신상실 또는 항거불능의 상태를 이용하여 추행하는 것이다(제299조). 주로 술에 취한 사람이나 잠을 자고 있는 사람을 추행할 경우 준강제추행죄가 인정된다.[88]

셋째, 미성년자 등에 대한 추행죄는 미성년자 또는 심신미약자에 대하여 위계 또는 위력으로써 추행하는 것이다(제302조).

넷째, 13세 미만자 추행죄는 폭행, 협박, 위계, 위력이 없더라도 추행하면 성립되고, 심지어 13세 미만의 자의 동의가 있더라도 범죄가 성립된다(제305조).

아동청소년의 성보호에 관한 법률상 강간죄와 강제추행죄

'아동·청소년'이란 19세 미만의 자를 말한다. 다만, 19세에 도달하는 연도의 1월 1일을 맞이한 자는 제외한다. '아동·청소년대상 성범죄'란 아동·청소년에 대한 강간, 강제추행 등을 말한다. 아동과 청소년 대상 성범죄자의 경우에는 아동·청소년의 성보호에 관한 법률(이하 '청소년성보호법'이라고 한다.)에 의해서 다음과 같이 강화된 처벌을 받을 뿐만 아니라 재범방지를 위해서 여러 가지 추가적인 제재를 받게 된다.

첫째, 아동·청소년을 대상으로 성범죄자는 이 법률에 의해서 형법보다 처벌이 강화된다.

---

86) 취업면접 갔더니… 강제키스 등 성추행 40대 업주 벌금형(국민일보 2017.8.10.)

87) '한번 안아보자'…동료 포옹하며 입맞춤 시도한 50대 교사 집유(서울신문 2017.12.5.)

88) 사우나서 잠자는 남자들 성추행한 50대 남성 실형(KBS뉴스 2015.2.8.)

● 미성년자에 대한 강간죄 등에 대한 법정형

	형법	청소년성보호법
강간죄	3년 이상의 징역	무기징역 또는 5년 이상의 유기징역
강제추행죄	10년 이하의 징역 또는 1천500만원 이하의 벌금	2년 이상의 유기징역 또는 1천만원 이상 3천만원 이하의 벌금

둘째, 아동·청소년을 대상으로 성폭력범죄를 범한 자의 경우 성명, 나이, 주소, 성범죄 요지 등 신상정보가 성범죄자알림e에 등록 및 공개될 수 있다(제49조).[89]

셋째, 아동·청소년을 대상으로 성폭력범죄를 범한 자가 거주하는 읍·면·동의 아동·청소년의 친권자 또는 법정대리인이 있는 가구, 「영유아보육법」에 따른 어린이집의 원장, 「유아교육법」에 따른 유치원의 장, 「초·중등교육법」 제2조에 따른 학교의 장, 읍·면사무소와 동 주민자치센터의 장, 「학원의 설립·운영 및 과외교습에 관한 법률」 제2조의2에 따른 학교교과교습학원의 장 등에게 이들의 신상정보가 고지될 수 있다(제50조).[90]

넷째, 아동·청소년을 대상으로 성폭력범죄를 범한 자는 성범죄로 인한 형벌 등이 집행이 종료된 후 아동·청소년 관련기관 등에 취업이 제한될 수 있다(제56조).[91]

다섯째, 아동·청소년대상 성범죄를 범한 사람은 2년 이상 5년 이하의 범위에서 보호관찰을 받을 수 있다(제61조).

참고로, 아동·청소년을 대상으로 한 성범죄자에게는 전자발찌부착(전자장치 부착 등에 관한 법률)을 할 수도 있고,[92] 이른바 화학적 거세를 할 수도 있다(성폭력범죄자의 성충동 약물치료에 관한 법률).[93]

성폭력범죄의 처벌 등에 관한 특례법상 강간죄와 강제추행죄

이 법률에서는 친족관계에 의한 강간, 장애인에 대한 강간, 13세 미만의 미성년자에 의한 강간, 특수강간, 특수강도강간 등의 경우에 형법보다 처벌을 강화하는

---

89) 성범죄자알림e https://www.sexoffender.go.kr/index.nsc.

90) "우리 동네에 성범죄자가 산다?"…신상정보 고지 1만명 돌파(뉴스1 2017.1.29.)

91) 성범죄자의 아동·청소년 관련기관 취업제한, 재범 위험성이 높을 때는 최고 30년까지 선고 가능(정책브리핑 여성가족부 2016.11.8.)

92) '아동·청소년 성범죄자'도 전자발찌(KBS 2017.1.17.).

93) 성범죄자 '화학적 거세' 시행 6년…22명 확정돼 16명에 집행(서울신문 2017.9.29.)

규정을 두고 있다.

첫째, 친족관계에 의한 강간죄는 친족관계인 사람이 폭행 또는 협박으로 사람을 강간한 것으로, 7년 이상의 유기징역에 처한다(제5조).[94] 여기서 말하는 친족의 범위는 4촌 이내의 혈족·인척과 동거하는 친족이고, 혼인신고를 하지 않은 사실혼관계에 의한 친족도 포함된다.

둘째, 장애인에 대한 강간죄는 신체적인 또는 정신적인 장애가 있는 사람에 대하여 강간을 한 것으로, 무기징역 또는 7년 이상의 징역에 처한다(제6조).[95]

셋째, 13세 미만자에 대한 강간죄는 13세 미만의 사람에 대하여 강간의 죄를 범한 것으로, 무기징역 또는 10년 이상의 징역에 처한다(제7조).

넷째, 특수강간죄는 흉기나 그 밖의 위험한 물건을 지닌 채 또는 2명 이상이 합동하여 강간의 죄를 범한 것으로, 무기징역 또는 7년 이상의 징역에 처한다. 중·고등학생들이 또래들과 어울려 함께 강간을 할 경우, 이 법률에 따른 특수강간이 될 수 있다.[96]

다섯째, 특수강도강간죄는 주거침입범, 특수절도범, 특수강도범이 강간한 것이다. 이 중 주거침입범이나 특수절도범이 강간한 경우에는 무기징역 또는 7년 이상의 징역에 처하고, 특수강도범이 강간을 한 경우에는 사형, 무기징역 또는 10년 이상의 징역에 처한다(제3조).[97]

이 법률에서는 강제추행이더라도 친족관계인 사람에 대한 강제추행죄(제5조 제2항), 장애인에 대한 강제추행죄(제6조 제3항), 13세 미만의 미성년자에 대한 강제추행죄(제7조 3항)[98]을 형법보다 가중하여 처벌하는 규정을 두고 있다.

성폭력범죄의 처벌 등에 관한 특례법상 추행죄

성폭력범죄처벌법은 업무상 위력 등에 의한 추행, 공중 밀집 장소에서의 추행, 성적 목적을 위한 공공장소 침입행위도 성폭력범죄의 한 유형으로 규정하고 있다.

---

94) 친딸 상습 성폭행한 아버지⋯법원 "반인륜적 범행" 징역 10년(연합뉴스 2017.9.12.); 어린 조카 수면제 먹이고 성폭행⋯ 50대 男에 징역 7년(YTN 2018.4.12.); 제주서 5년간 어린 의붓딸 추행·강간 계부 12년 선고(국민일보 2020.7.14)

95) 여성 장애인 성폭행 "법원 선처 없다" 징역 18년(장애인신문 2015.6.2.); 장애인 성폭행해 임신시킨 60대 항소심도 징역 9년(전북도민일보 2018.2.5.)

96) '여중생 집단성폭행' 2심서 형량 높여⋯법원 "분노가 치민다"(연합뉴스 2017.6.22.)

97) 혼자사는 여성 강도·성폭행 후 동영상 협박한 30대 남성⋯ 법원 '징역 13년' 중형 선고(국민일보 2016.6.17.)

98) '70대 할아버지의 못된 손'⋯7살 소녀 성추행 '실형'(연합뉴스 2016.12.15.); 여아 손등·뺨 만져 강제추행죄 집유 4년(경향신문 2015.5.24.)

첫째, 업무상 위력 등에 의한 추행죄는 업무, 고용이나 그 밖의 관계로 인하여 자기의 보호, 감독을 받는 사람에 대하여 위계 또는 위력으로 추행하는 것이다(제10조). 주로 직장 내에서 발생하는 신체적 성희롱이 여기에 해당할 가능성이 높다.[99]

둘째, 공중 밀집 장소에서의 추행죄는 대중교통수단, 공연·집회 장소, 그 밖에 공중(公衆)이 밀집하는 장소에서 사람을 추행하는 것이다(제11조). 주로 지하철과 같은 곳에서 추행하는 자들을 처벌하기 위한 규정이다. 성폭력처벌법을 위반한 자는 신상정보 등록대상자인데, 당연히 공중 밀집 장소에서 추행한 자도 포함된다(제42조). 이에 따라 공중 밀집 장소에서의 추행죄로 신상정보 등록대상자가 된 자가 신상정보 등록대상자 규정(제42조)이 자신의 헌법상 개인정보자기결정권을 침해한다고 헌법소원을 제기하였는데, 헌법재판소는 성폭력범죄자의 재범 방지 및 사회 방위의 공익이 사익보다 중요하며, 신상정보 등록이 개인정보자기결정권을 침해하지 않는다고 판단했다.[100]

셋째, 성적 목적을 위한 다중이용장소 침입행위죄는 자기의 성적 욕망을 만족시킬 목적으로 화장실, 목욕장·목욕실 또는 발한실(發汗室), 모유수유시설, 탈의실 등 불특정 다수가 이용하는 다중이용장소에 침입하거나 같은 장소에서 퇴거의 요구를 받고 응하지 아니하는 것이다(제12조).[101] 이러한 장소에 침입하는 것만으로도 범죄가 된다고 규정한 이유는 이러한 장소에 침입하는 것이 몰래카메라를 찍기 위한 목적인 경우가 많고, 경우에 따라서는 강간이나 강제추행으로 진행될 가능성이 있기 때문이다.

---

99) "모텔 가고 싶어" 여후배 손목 잡아끈 직장상사⋯대법 "강제추행 맞다"(한국경제 2020.8.5.)

100) 공공장소 성추행범 신상정보 등록 '합헌'(한국일보 2018.1.8.)

101) 경찰서 여자화장실 침입해 여경 훔쳐본 경찰 간부⋯벌금 300만원(서울경제 2018.2.22.)

 3. 사이버 성범죄

사이버 성범죄의 의의

과거에는 성범죄가 강간이나 강제추행 등 직접적이고 신체적인 것에 국한되었다. 오늘날에는 인터넷과 스마트폰, SNS 등의 발달로 사이버 공간에서도 불법촬영 및 비동의유포, 온라인 성착취, 딥페이크 등 다양한 성범죄가 발생하고 있다. 이러한 성범죄는 사이버 성폭력, 인터넷 성폭력, 디지털 성범죄 등 다양한 용어로 명명되고 있지만, 현재 언론 등에서 가장 보편적으로 사용되고 있는 '사이버 성범죄'라고 부르기로 한다.

그렇다면 사이버 성범죄란 무엇인가. 일반적으로 사이버 성범죄는 디지털기기를 이용하여 타인의 동의 없이 신체를 성적 대상화하여 촬영, 저장, 유포, 전시, 판매, 시청, 소지하는 등의 행위로 정의되고 있다. 현재 사이버 성범죄를 처벌하는 근거 규정은 형법이 아니라 성폭력범죄의 처벌에 관한 특례법, 아동, 청소년의 성보호에 관한 법률, 정보통신망 이용촉진 및 정보보호 등에 관한 법률 등 여러 법률에 분산되어 있다.

성폭력범죄의 처벌 등에 관한 특례법상 사이버 성범죄

성폭력범죄의 처벌 등에 관한 특례법에는 통신매체를 이용한 음란행위(제13조), 카메라 등을 이용한 촬영(제14조), 허위영상물 등의 반포 등(제14조의2)을 처벌하는 규정이 있다. 그럼에도 텔레그램을 이용한 성착취 사건 등 사이버 성범죄로 인한 피해가 날로 증가하고 있다. 이에 카메라 등을 이용한 촬영죄 등 성폭력범죄의 법정형을 상향하고, 불법 성적 촬영물의 소지·구입·저장·시청에 대한 처벌규정을 신설하는 등 관련 규정을 정비하였다. 이는 사이버 성범죄로 인한 피해 발생을 미연에 방지하여 국민의 성적 자기결정권 등 기본권을 보호하고 범죄로부터 안전한 사회 조성을 위한 것이다.

통신매체를 이용한 음란행위

통신매체를 이용한 음란행위는 자기 또는 다른 사람의 성적 욕망을 유발하거나 만족시킬 목적으로 전화, 우편, 컴퓨터, 그 밖의 통신매체를 통하여 성적 수치심이나 혐오감을 일으키는 말, 음향, 글, 그림, 영상 또는 물건을 상대방에게 도달하게 한 것이다(제13조). 통신매체를 이용한 음란행위죄가 인정된 사례를 들을 바탕으로, 이 요건들을 세부적으로 나누어 살펴보면 다음과 같다.

첫째, 그 행위의 목적이 자기 또는 다른 사람의 성적 욕망을 유발하거나 만족시킬 목적이어야 한다. 통신매체를 이용한 말을 하더라도 성적 욕망을 유발시킬 목적이 없다면 이 죄는 성립되지 않는다. 인터넷 쇼핑업체 여직원에게 배송 문제를 항의하다가 음란한 욕설을 퍼부은 사람이 통신매체를 이용한 음란죄로 기소된 사건에서 법원이 "피고인이 배송 문제를 항의하는 과정에서 이미 화가 난 상태에서 결제취소를 문의하다가 피해자로부터 '카드사에 확인해보라'는 말을 듣고 욕설한 점, 계속해서 피해자 업체 측의 태도를 지적하고 항의한 점, 남성 직원에게도 성적인 욕설을 하면서 불만을 토로한 점 등이 사실로 인정된다. 이를 종합해보면 피고인은 피해자와 통화를 하면서 강력하게 항의하는 과정에서 저속한 표현을 하게 된 것으로 보여 피고인에게 자기 또는 다른 사람의 성적 욕망을 유발하거나 만족하게 할 목적이 있었다고 보기 어렵다."고 하면서 무죄를 선고한 사건이 있다.[102]

둘째, 전화, 우편, 컴퓨터, 그 밖의 **통신매체**를 통하여 한다. 예를 들면, 전화 통화로 음란 말을 하거나 음란 문자 전송하는 경우, SNS를 통한 음란 메시지 전송하는 경우 등이 이에 해당된다. 최근에 음란한 내용을 적은 쪽지를 피해자의 문에 끼워놓은 40대 남성에 대해서 대법원은 통신매체를 이용하지 않고 문에 직접 끼워놓은 것이기 때문에 통신매체를 통한 음란행위가 성립되지 않는다고 보았다. "이와 같이 통신매체를 이용하지 않은 채 직접 상대방에게 전달한 행위까지 처벌할 수 있다고 보는 것은 실정법 이상으로 처벌 범위를 확대하는 것"이라고 설명했다.[103]

셋째, 성적 수치심이나 혐오감을 일으키는 말, 음향, 글, 그림, 영상 또는 물건을 상대방에게 도달하게 하여야 한다. 이동통신사 콜센터 직원들에게 음란전화를 하거나 성적 수치심이 드는 말을 한 사람들에게 법원은 통신매체를 이용한 음란행위죄를 적용해 실형을 선고했다.[104] 대학의 한 교수는 여성 제자에게 SNS를 통해 성적인 내용의 사진과 메시지를 전송한 혐의로 재판에 넘겨졌는데, 법원은 이 교수에게도 통신매체를 이용한 음란행위죄를 인정하였다.[105] 한 직장인은 여자 동료에게 영화의 베드신 영상을 위주로 편집하여 이메일로 보낸 사건에서, 법원은 성적 수치심이나 혐오감을 일으키는 영상을 보낸 것으로 보아 통신매체를 이용한 음란행위죄

102) 전화로 항의하다 음란 욕설한 40대 무죄⋯"성적 욕망 유발 목적 아냐"(MBN 2018.8.16.)

103) 대법, "음란 쪽지는 통신매체 아니라 처벌 안돼"⋯파기환송(조선비즈 2016.3.20.)

104) 120 다산콜, 성희롱·폭언한 악성민원인 22명 법적조치(헤럴드경제 2015.5.26.)

105) 여제자에 성기 사진 보낸 전 서울대 음대 교수 벌금형(뉴시스 2016.7.3.)

를 인정하였다.[106)

넷째, 성적 수치심이나 혐오감을 일으키는 말, 음향, 글, 그림, 영상 또는 물건을 도달하게 하여야 한다. 최근 다른 사람에게 음란 동영상 파일 자체가 아니라 동영상이 링크된 인터넷 주소(URL)만 전송한 사건에서 법원은 "행위자가 영상 자체를 전송하지 않았더라도 상대방이 별다른 제약 없이 영상을 볼 수 있는 상태에 됐다면 영상을 '도달하게' 한 것으로 볼 수 있다."고 판시하였다.[107)

무심히 보낸 사진 한 장, 장난으로 보낸 문자로도 상대방이 성적 수치심이나 혐오감을 느꼈다면 사진이나 문자를 보낸 사람은 통신매체를 이용한 음란행위죄로 처벌받을 수 있다. 더군다나 2020년 개정을 통해 처벌이 강화되어 2년 이하의 징역 또는 2천만 원 이하의 벌금에 처하게 된다. 사실 통신매체를 이용한 음란행위죄로 수사나 재판을 받은 사람들은 중고등학생, 대학생, 평범한 직장인인 경우가 많은데, 아마도 이들은 위의 행위들이 심각한 성범죄가 되는지 몰랐을 것이다. 그런데 우리 법률은 법률의 착오, 즉 그러한 법이 있는지 몰랐더라도 용서해 주지 않는다(형법 제16조 법률의 착오).

카메라 등을 이용한 촬영죄

카메라 등을 이용한 촬영죄는 카메라나 그 밖에 이와 유사한 기능을 갖춘 기계장치를 이용하여 성적 욕망 또는 수치심을 유발할 수 있는 사람의 신체를 촬영대상자 의사에 반하여 촬영하는 것이다(동법 제14조 제1항). 이른바 몰카범들에게 적용되는 규정이 바로 이 규정이다.

카메라 등을 이용한 촬영죄가 되기 위해서는 첫째, 카메라나 그 밖에 이와 유사한 기능을 갖춘 기계장치를 이용한 촬영이 있어야 한다. 최근에는 불법촬영 가해자들이 시계, 계산기, 옷걸이, 머그잔 등 일상용품으로 위장한 초소형 카메라를 이용한 불법촬영이 늘고 있다. 이에 초소형카메라 등을 이용한 불법촬영을 막기 위해서 변형카메라 수입·판매업 등록제 도입 및 이력정보시스템 구축 방안이 논의되고 있다.[108)

둘째, 성적 욕망 또는 수치심을 유발할 수 있는 사람의 신체에 대한 촬영이 있어야

---

106) 법원, '황제를 위하여' 편집영상 지인에 보낸 30대에 벌금 300만원(연합뉴스 2014.11.30.); 제자에 음란동영상 보낸 50대 교수…항소심도 벌금형(연합뉴스 2017.3.27.)

107) 법원 "음란물 파일 아닌 링크만 보내도 처벌 대상"(연합뉴스 2015.12.10.)

108) 발가락에 끼고 여성 '찰칵' 몰카범죄 도구된 초소형카메라(서울신문 2021.6.27.)

한다. 성적 욕망 또는 수치심을 유발할 수 있는 신체에 대한 촬영으로는 나체, 여성의 무릎 위 허벅다리, 가슴 부위 등에 대한 촬영이 대표적이다. 그런데 나체가 아니고 스키니 진이나 레깅스 등 옷을 입고 있거나 스타킹을 신은 신체부위를 촬영한 경우에는 성적 욕망 또는 수치심을 유발할 수 있는 신체에 대한 촬영으로 볼 수 있을지 해석의 여지가 있었다. 과거 법원은 모르는 여자를 엘리베이터 안까지 뒤따라가 몰래 촬영한 남성에게 "특별히 가슴 부위를 강조하거나 가슴 윤곽선이 드러나 있지 않으며, 몰래 촬영한 것이긴 하지만 사람의 시야에 통상적으로 비춰지는 부분을 그대로 촬영한 것은 성적 욕망 또는 수치심을 유발할 수 있는 신체 촬영으로 단정하긴 어렵다"고 판시하였다.[109]

그러나 헐렁한 상의에 발목까지 내려오는 레깅스를 입고 있는 여성의 하반신을 휴대전화 카메라를 이용해 영상으로 촬영하여 기소된 '레깅스 몰카 사건'에서 대법원은 의복이 몸과 밀착해 굴곡이 드러나는 경우에도 성적 욕망 또는 수치심을 유발할 수 있는 신체에 해당할 수 있다고 보았다. 또한 "같은 신체 부분이라도 장소, 상황, 촬영 방식 등에 따라 성적 욕망 또는 수치심을 유발하는지 여부가 달라진다. 레깅스가 일상복으로 활용된다거나 피해자가 레깅스를 입고 대중교통을 이용했다는 사정은 레깅스를 입은 피해자의 모습이 타인의 성적 욕망이 될 수 없는 타당한 이유가 될 수 없다. 그리고 피해자가 자신의 개성을 표현하거나 생활의 편의를 위해 공개된 장소에서 자신에 의사에 의해 신체 부위를 드러냈다 하더라도 이를 몰래 촬영한다면 성적 수치심이 유발될 수 있다고 보았다. 성적 수치심이 반드시 부끄럽고 창피한 감정만을 느끼는 것이 아니라 분노, 공포, 무력감, 모욕감 등 다양한 층위의 피해 감정을 모두 포섭한다."고 판시하였다. 대법원은 이 판결을 통해 자신의 의사에 반해 성적 대상화가 되지 않을 '성적 자유'의 의미를 처음으로 확인하기도 하였다.[110]

셋째, 사람의 신체를 촬영대상자 의사에 반하여 촬영하여야 한다. 카메라 등을 이용한 불법촬영물(이하 '불법촬영물'이라고 한다)로 인정이 되어야 이것이 추후에 유포되면 불법촬영물 유포죄(제14조 제2항)가 성립된다. 그런데 법이 개정되기 전에는 '다른 사람의 신체'로 규정되어 있어 자기의 몸을 촬영한 촬영물은 추후에 유포되더라도 원칙적으로 카메라 등을 이용한 촬영유포죄에 해당되지 않아 처벌할 수 없었다. 실제로 대법원은 내연녀가 직접 찍어 보내줬던 나체 사진을 인터넷에

---

109) '노출도 윤곽선도 없었다' 엘리베이터 몰카남 무죄(국민일보 2016.1.24.)

110) "레깅스 뒷모습 불법촬영은 유죄"… 무죄 판결 뒤집은 대법원(2021.1.6.)

올린 사람에게 나체 사진 유포 혐의로 기소된 사건에서, "성폭력범죄처벌법상 촬영물은 다른 사람을 대상으로 그 신체를 촬영한 것이 문언상 명백하고, 자의에 의해 스스로 자신의 신체를 찍은 촬영물까지 포함하는 것은 통상적인 의미를 벗어난 해석이다. 인터넷에 게시된 사진은 피고인이 다른 사람의 신체를 찍은 촬영물이 아니어서 처벌할 수 없다."고 판시하였다.[111] 이에 자의에 의해 스스로 자신의 신체를 촬영한 촬영물을 촬영대상자의 의사에 반하여 유포한 경우에도 처벌할 수 있도록 하기 위해서 '다른 사람의 신체'로 규정되어 있던 것이 '사람의 신체'로 개정된 것이다.

경찰청 통계에 따르면 최근 2010년부터 2019년까지 10년간 불법촬영범죄는 총 47,420건 발생했다. 2010년 1,134건, 2011년 1,523건, 2012년 2,400건이었던 불법촬영 범죄는 2013년 이후 매년 4,000건 이상 발생하고 있으며, 2019년에는 5,762건으로 2010년 대비 약 5배가량 늘었다. 이들에 대한 처벌을 분석한 결과 벌금형(56.5%)이 가장 많았고, 집행유예(30.3%), 징역형(8.2%)의 순서였다. 최근 'N번방 사건' 등 불법촬영물에 대한 여러 사건들이 이슈가 되면서 불법촬영물에 대한 처벌을 강화되어 7년 이하의 징역 또는 5천만 원 이하의 벌금에 처하게 되었고, 실제 법원이 징역형을 선고하는 비율이 늘고 있다.[112]

불법촬영물 유포죄

불법촬영물 유포 등이 사회적으로 심각한 문제가 되고 있어, 다음과 같이 관련 규정을 세분화하고 처벌을 강화하고 있다.

첫째, 불법촬영물 또는 복제물을 반포·판매·임대·제공 또는 공공연하게 전시·상영(이하 '반포 등'이라 한다)하는 것으로, 7년 이하의 징역 또는 5천만원 이하의 벌금에 처한다(제14조 제2항). 이것은 주로 영리목적 없이 인터넷 사이트나 SNS 등에서 불법촬영물을 공유하는 경우에 해당된다. 그리고 카메라 등 이용촬영을 한 후 이를 유포한 경우에는 카메라 등 이용촬영죄와 불법촬영물 유통죄가 모두 성립된다.[113]

둘째, 카메라 등을 이용한 촬영이 촬영 당시에는 촬영대상자의 의사에 반하지 아니한 경우(자신의 신체를 직접 촬영한 경우를 포함한다)에도 사후에 그 촬영물 또는 복제물을 촬영대상자의 의사에 반하여 반포 등을 하는 것으로, 7년 이하의 징역 또

111) 대법 "남의 '셀카 나체사진' 공개, 성범죄로 처벌 못해"(연합뉴스 2016.1.11.)

112) 여고 화장실에 불법촬영 카메라 설치한 남교사 3년형(국민일보 2021.1.6.)

113) 여자 화장실 111차례 몰카 대학생 실형 선고…온라인 유포까지(서울경제 2021.6.24.)

는 5천만원 이하의 벌금에 처한다(제14조 제2항). 설령 상대가 촬영 자체에는 동의했더라도, 이후 상대의 의사에 반해 촬영물을 SNS 등을 통해 퍼뜨렸다면 이 범죄가 성립된다. 대표적인 예가 연인들이 서로가 동의하여 신체를 촬영을 한 것을, 연인 중 한 사람이 헤어진 후에 보복용으로 그 촬영물을 유포하는 것이다. 이혼한 전처에게 앙심을 품고 과거 촬영한 성관계 영상을 인터넷에 유포한 남성에게 법원은 "헤어진 배우자에게 보복할 목적으로 연인·부부관계에 있을 때 촬영한 영상물 등을 유포하는 것은 이른바 리벤지 포르노로서, 피해자가 현재 영위하고 있는 사회적인 삶을 파괴하고 앞으로의 삶에서도 정상적인 관계를 맺지 못하도록 하는 등 그 피해가 심대하다."고 하면서 2018년 당시 법정 최고형인 징역 3년을 선고하였다.[114]

셋째, 영리를 목적으로 카메라나 그 밖에 이와 유사한 기능을 갖춘 기계장치를 이용하여 성적 욕망 또는 수치심을 유발할 수 있는 다른 사람의 신체를 그 의사에 반하여 촬영한 촬영물을 정보통신망을 이용하여 유포한 자는 벌금형 없이 3년 이상의 징역에 처한다(제14조 제3항). 불법촬영물을 인터넷 사이트나 SNS 등에 게시하고 금전적 이익을 얻는 경우가 이에 해당된다.

넷째, 성관계 영상을 유포하겠다고 헤어진 여자 친구에게 협박하였다면 협박한 자는 벌금형 없이 1년 이상의 유기징역에 처하고, 이 협박으로 사람의 권리행사를 방해하거나 의무 없는 일을 하게 한 자는 벌금형 없이 3년 이상의 유기징역에 처한다(제14조의3).

여전히 불법촬영물 유포 범죄는 계속되고 있어 경찰은 상시단속체계를 유지하고 '불법 촬영물 추적시스템' '사이버 불법정보대응 공조시스템' 등 각종 시스템을 활용해 텔레그램·디스코드와 같은 메신저, 다크웹 등 성 착취물 불법 유통망뿐 아니라 불법 촬영물과 합성물 등을 제작하고 유통하는 공급자와 구매·소지·시청하는 수요자까지 추적하여 수사하고 있다.[115] 한편, 현재 정부는 디지털성범죄피해자지원센터(https://d4u.stop.or.kr/), 방송통신심의위원회 디지털성범죄 상담센터(국번 없이 1337)를 통해 불법촬영물을 접속차단 및 삭제를 지원하고 있다.

허위영상물 등의 반포죄

최근 특정 인물의 신체 등을 대상으로 한 영상물 등을 성적 욕망 또는 수치심을 유발할 수 있는 형태로 편집해 성적인 모욕을 주는 범죄, 이른바 '딥페이크(deep

---

114) 법원, '리벤지 포르노' 유포한 전 남편에 법정 최고형 선고(연합뉴스 2018.10.11.)

115) 靑, 성범죄·강력범죄 국민청원에 "엄정 대응, 철저히 수사"(국민일보 2021.6.21.)

fake·특정 인물의 얼굴 등을 영상에 합성)'이 신종 사이버 성범죄 중 하나로 문제되기 시작했다. 이러한 행위를 처벌하기 위해 국회는 성폭력범죄처벌법에 다음과 같은 규정을 신설하였다.

첫째, 허위영상물 등의 반포죄는 반포 등을 할 목적으로 사람의 얼굴·신체 또는 음성을 대상으로 한 촬영물·영상물 또는 음성물(이하 이 조에서 "영상물 등"이라 한다)을 영상물 등의 대상자의 의사에 반하여 성적 욕망 또는 수치심을 유발할 수 있는 형태로 편집·합성 또는 가공(이하 이 조에서 "편집등"이라 한다)하는 자는 5년 이하의 징역 또는 5천만원 이하의 벌금에 처한다(제14조의2 제1항).

둘째, 허위영상물의 편집물·합성물 또는 복제물의 반포 등을 하는 자는 5년 이하의 징역 또는 5천만원 이하의 벌금에 처한다(제14조의2 제2항).

셋째, 편집·합성·가공 당시에는 대상자의 의사에 반하지 아니하였으나 사후에 그 편집물 등을 대상자의 의사에 반하여 반포 등을 자는 5년 이하의 징역 또는 5천만원 이하의 벌금에 처한다(제14조의2 제2항).

넷째, 영리를 목적으로 영상물등의 대상자의 의사에 반하여 정보통신망을 이용하여 제2항의 죄를 범한 자는 7년 이하의 징역에 처한다(제14조의2 제3항).

불법촬영물 소지죄

2020년 개정을 통해서 불법 성적촬영물 또는 복제물을 소지·구입·저장 또는 시청한 자는 3년 이하의 징역 또는 3천만원 이하의 벌금에 처하게 되었다.[116] 경찰청의 '불법 촬영물 추적 시스템'은 아동 성착취물, 몰래카메라 등 성인들의 불법 촬영물이 컴퓨터와 모바일 등에서 유포되는 사례를 포착하는 프로그램으로 불법 촬영물의 '디지털지문'을 인식, 인터넷 등에서 돌아 다니는 사례를 찾아내 제작자나 유포자를 추적한다. 최근에 경찰은 이 시스템의 모니터링에 감지된 특정 디지털지문을 가진 불법촬영물을 유포한 컴퓨터 IP를 찾아내고 사용자의 거주지를 추적하는 등의 수사를 했다. 수사를 거쳐 불법촬영물 소지자의 컴퓨터 등에서 아동 성착취물 200여건, 불법 음란 영상물 200여건을 찾아냈다.[117]

---

116) 'n번방 방지법' 통과…성착취물 소지·시청해도 3년 이하 징역(한겨레 2020.4.29.)

117) "저장하지도, 공유하지도 마세요"…음란 영상물 소지, 첫 구속(조선일보 2020.10.6.)

아동, 청소년의 성보호에 관한 법률상 아동·청소년성착취물

아동·청소년성착취물이란 아동·청소년 또는 아동·청소년으로 명백하게 인식될 수 있는 사람이나 표현물이 등장하여 ① 성교 행위, ② 구강·항문 등 신체의 일부나 도구를 이용한 유사 성교 행위, ③ 신체의 전부 또는 일부를 접촉·노출하는 행위로서 일반인의 성적 수치심이나 혐오감을 일으키는 행위, ④ 자위 행위 중 어느 하나에 해당하는 행위를 하거나 그 밖의 성적 행위를 하는 내용을 표현하는 것으로서 필름·비디오물·게임물 또는 컴퓨터나 그 밖의 통신매체를 통한 화상·영상 등의 형태로 된 것을 말한다. 아동·청소년을 대상으로 하는 음란물은 그 자체로 아동·청소년에 대한 성착취 및 성학대를 의미하는 것임에도 불구하고, 막연히 아동·청소년을 '이용'하는 음란물의 의미로 가볍게 해석되는 경향이 있어, 2020년 6월 법을 개정하여 '아동·청소년이용음란물'을 '아동·청소년성착취물'이라는 용어로 변경함으로써 아동청소년이용음란물이 '성착취·성학대'를 의미하는 것임을 명확히 하였다. 참고로, 착취는 계급사회에서 생산수단을 소유한 사람이 생산수단을 갖지 않는 직접 생산자로부터 그 노동의 성과를 무상으로 취득하는 것을 말하고, 성착취는 성행위나 이에 준하는 행위를 강제로 하게 하는 것을 의미한다.

이 규정 중 '아동·청소년으로 명백하게 인식될 수 있는 표현물'의 대표적인 예는 교복이다. '아동·청소년으로 명백하게 인식될 수 있는 표현물' 규정의 위헌인지 문제된 사건에서 헌법재판소는 합헌결정을 내렸다. 헌법재판소는 "가상의 아동·청소년이용음란물이라 하더라도 아동·청소년을 성적 대상으로 하는 표현물의 지속적 유포 및 접촉은 아동·청소년의 성에 대한 왜곡된 인식과 비정상적 태도를 형성하게 할 수 있다. 아동·청소년을 잠재적 성범죄로부터 보호하고 이에 대해 사회적 경고를 하기 위해서는 가상의 아동·청소년이용음란물의 배포 등에 대해서 중한 형벌로 다스릴 필요가 있다. 가상의 아동·청소년이용음란물은 실제 아동·청소년이 등장하는 경우와 마찬가지로 아동·청소년을 상대로 한 비정상적 성적 충동을 일으키기에 충분한 정도의 것으로서 아동·청소년을 대상으로 한 성범죄로부터 아동·청소년 보호를 위한 최소한의 불가피한 경우로 한정된다. 가상의 아동·청소년이용음란물과 실제의 아동·청소년이 등장하는 아동·청소년이용음란물은 모두 아동·청소년에 대한 비정상적 성적 충동을 일으켜 아동·청소년을 상대로 한 성범죄로 이어지게 할 수 있다는 점에서 죄질 및 비난가능성의 정도에 거의 차이가 없고, 법정형의 상한만이 정해져 있어 법관이 법정형의 범위 내에서 얼마든지 구체적 타당성을 고려한 양형의 선택이 가능하므로 심판대상조항이 형벌체계상 균형을 상실하여 평등

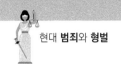

원칙에 반한다고 볼 수 없다."고 판시하였다(2015. 6. 25. 2013헌가17·24, 2013헌바85(병합)). 이에 법원은 교복을 입고 성행위를 하는 만화 등도 아동·청소년성착취물로 판단하고 있다.[118]

아동·청소년성착취물 제작죄

아동·청소년성착취물을 제작·수입 또는 수출한 자는 무기징역 또는 5년 이상의 유기징역에 처한다(제11조 제1항). 주로 SNS를 통해 미성년자에게 접근하여 용돈을 줄테니 알몸을 찍을 것을 요구하여 찍을 경우 아동·청소년성착취물 제작죄가 성립된다.[119] 그리고 아동·청소년성착취물을 제작할 것이라는 정황을 알면서 아동·청소년을 아동·청소년성착취물의 제작자에게 알선한 자는 3년 이상의 징역에 처한다(제11조 제4항). 이른바 n번방 사건의 피고인들에게 적용된 범죄가 바로 아동·청소년성착취물 제작 및 유포죄이었다.[120]

아동·청소년성착취물 배포죄

영리를 목적으로 아동·청소년성착취물을 판매·대여·배포·제공하거나 이를 목적으로 소지·운반하거나 공연히 전시 또는 상영한 자는 5년 이상의 징역에 처한다(제11조 제2항). 이는 주로 아동·청소년성착취물의 사이트를 운영하는 자,[121] 이러한 영상을 상영하는 성인 PC방에 공급하는 자 등에게 적용되는 죄이다. 뿐만 아니라 각종 대가를 받고 아동·청소년성착취물을 판매하는 경우에도 이에 해당된다.[122]

흔히 아동·청소년성착취물과 관련하여 처벌받는 사람들은 주로 영리를 목적으로 하는 사람에 한정될 것이라고 생각한다. 그렇지만 영리를 목적으로 하지 않더라도 아동·청소년성착취물을 배포·제공하거나 공연히 전시 또는 상영한 자는 3년 이상의 징역에 처한다(제11조 제3항).

---

118) "교복 입고 성행위 만화도 아동·청소년 이용 음란물에 해당"(한겨레 2016.11.3.)

119) "동영상 찍으면 돈 쉽게 번다"…성매매·음란물 촬영 강요한 10대(매일경제 2018.7.1.)

120) n번방서 성 착취물 제작·배포…'갓갓'에 징역 34년 선고(세계일보 2021.4.8.)

121) 음란사이트 운영·성매매 광고로 거액 챙긴 법무사 '실형'(연합뉴스 2017.5.7.); 회원 100만 음란물 사이트 운영자 징역형(경향신문 2017.9.7.)

122) 'n번방' 성착취물 수집해 재판매한 10대들… 주범 2명은 항소심서도 실형(세계일보 2021.4.7.)

아동·청소년성착취물 소지, 시청죄

하나 더 주의할 것은 아동·청소년성착취물임을 알면서 이를 소지, 시청한 자는 1년 이상의 징역에 처한다(제11조). 실제로 아동·청소년성착취물 소지죄로 처벌받는 예가 적지 않다. 경찰은 텔레그램 'n번방' 주범들을 수사하는 과정에서 이들이 올린 성착취물을 국외 서버 등을 통해 내려받은 계정을 무더기로 확인하고 있다. 국제공조수사를 통해 계정 소유자의 신상을 특정하고, 전국의 지방경찰청이 일제히 검거하고 있다.[123] 참고로, 아동·청소년성착취물을 소지만 하여도 처벌하는 것은 세계적인 추세로 미국 연방법원은 아동착취물을 구매, 보유한 혐의 등으로 기소된 의사에게 법정 최고형인 60년을 선고하였다.[124]

음란물 유포죄

정보통신망법에는 음란한 부호, 문언 등의 배포 등을 유포를 금지하고 처벌하는 규정이 있다(제44조의7 제1항). 음란물이라고 하더라도 불법촬영물, 합성음란물을 유포할 경우에는 성폭력처벌법에 의해서 처벌받고, 아동·청소년성착취물을 유포할 경우에는 아동·청소년의 성보호에 관한 법률에 의해서 처벌받게 된다. 그리고 특정인에게 음란한 부호 등을 전송하는 경우에는 통신매체를 이용한 음란행위가 된다. 즉, 음란물의 유포라고 하더라도 어떠한 음란물인지, 그리고 유포의 대상이 누구인지에 따라서 적용되는 법률이 다르다.

123) '성착취물 소지자' 대대적 수사, 엄벌로 이어져야(한겨레 2020.8.14.); 보기만해도 징역형?… 'n번방' 피의자 1000명 넘어섰다(문화일보 2020.8.31.)

124) 미 성추문 주치의에 법정최고형 60년 선고(한국일보 2017.12.8.)

4. 성매매

성매매의 금지

성매매란 불특정인을 상대로 **금품**이나 그 밖의 재산상의 이익을 수수(收受)하거나 수수하기로 약속하고 성교행위를 하거나 구강, 항문 등 신체의 일부 또는 도구를 이용한 유사 성교행위를 하는 것을 말한다. 현재 우리나라는 성매매 자체도 금지하고, 성매매의 알선이나 광고 등도 금지하고 있다. 성매매를 처벌하는 근거가 되는 법률로는 성매매알선 등 행위의 처벌에 관한 법률(약칭 : 성매매처벌법)이 있다.

한편, 성매매방지 및 피해자보호 등에 관한 법률에 근거하여 성매매피해자 및 성을 파는 행위를 한 사람의 보호, 피해회복 및 자립·자활을 지원하고 있다.

성매수죄, 성매도죄

성매매를 한 사람은 1년 이하의 징역이나 300만원 이하의 벌금·구류 또는 과료(科料)에 처한다(성매매처벌법 제21조 제1항). 이 규정은 성매매를 한 사람을 처벌하므로, 이에 따라 성을 판 사람(성매도자)과 산 사람(성매수자)을 모두 처벌하도록 되어 있다. 성매수자들을 적발하고 처벌하는 것에는 큰 문제가 없다.[125] 최근에는 성매수자들에게 벌금이 아닌 징역형을 선고하는 예가 잇따르고 있다.[126] 한편, 성매매 여성(성매도자)이 이 규정이 자신의 헌법상 성적 자기결정권, 직업선택권 등의 기본권을 침해한다고 헌법소원을 제기하였다. 이에 헌법재판소의 다수의견은 "성매매 근절로 확립하려는 사회 전반의 건전한 성풍속과 성도덕이라는 공익적 가치는 개인의 성적 자기결정권 등 기본권 제한의 정도에 견주어 결코 작다고 볼 수 없다."고 하면서 합헌결정을 내렸다(헌재 2016. 3. 31. 2013헌가2). 따라서 원칙적으로 성매매 여성(성매도자)도 처벌을 받지만, 성매매 사건의 성격·동기, 행위자의 성행(性行) 등을 고려하여 보호처분을 받을 수도 있다.

---

125) 경찰, 기업형 성매매조직 적발…성매수 남성 1만3천여명 수사(한겨레 2021.5.27.)

126) 여중생 성매수 50대에 징역 1년…법원, 이례적 실형 선고(연합뉴스 2017.7.20.); 인터넷 구직 사이트 통해 청소년 성매수 30대에 징역형(KBS 뉴스 2018.2.28.)

성매매 알선 등의 죄

성매매알선 등 행위를 한 사람, 성을 파는 행위를 할 사람을 모집한 사람, 성을 파는 행위를 하도록 직업을 소개·알선한 사람은 3년 이하의 징역 또는 3천만원 이하의 벌금에 처한다. 최근 메신저와 SNS, 스마트폰 어플리케이션의 이용 증가와 함께 이러한 매체를 통해서 가출청소년 등에게 성매매를 시킨 사람들이 주로 성매매 알선죄로 처벌받는다.[127] 뿐만 아니라 성매매를 알선한 안마시술소 업주,[128] 오피스텔서 성매매 알선한 성매매업소 업주 등도 이에 해당된다.[129] 성매매가 이루어진 장소의 건물주까지도 성매매알선죄로 처벌받은 사례까지도 있다. 성매매 알선죄를 처벌하는 취지가 성매매 공급자와 중간 매개체를 차단하려는 것이기 때문에, 성매매에 제공되는 사실을 알면서 건물을 제공하는 행위는 성매매 알선 등 행위에 해당한다고 본 것이다.[130]

성매매와 관련된 광고를 하는 행위를 하는 경우에도 마찬가지로 3년 이하의 징역 또는 3천만원 이하의 벌금에 처한다. 구체적으로는 ① 성을 파는 행위 또는 음란행위 등을 하도록 직업을 소개·알선할 목적으로 광고(각종 간행물, 유인물, 전화, 인터넷, 그 밖의 매체를 통한 행위를 포함한다. 이하 같다)를 한 사람, ② 성매매 또는 성매매알선 등 행위가 행하여지는 업소에 대한 광고를 한 사람, ③ 성을 사는 행위를 권유하거나 유인하는 광고를 한 사람 등은 처벌된다. 인터넷사이트나 SNS 등에서 볼 수 있는 성매매업 광고나 성매매 광고 전단지 등이 이에 해당된다.[131] 최근에는 인터넷 시민감시단이 온라인 모니터링을 통해 성매매 광고 등 불법·유해정보를 발견해 고발하고 있다.[132]

성매매 피해자

성매매 여성 중 일부는 성매매피해자로 규정되어 처벌이 아닌 보호를 받는다. 주로 위계, 위력, 그 밖에 이에 준하는 방법으로 성매매를 강요당한 사람, 보호 또는 감독하는 사람에 의하여 마약에 중독되어 성매매를 하는 사람, 청소년이나 심신미

---

127) 친구 성매매까지 시킨 10代 '가출팸'(한국경제 2018.7.1.)

128) 안마시술소 빌려 성매매 알선영업 징역 3년형 (연합뉴스 2018.5.14.)

129) 법원, 오피스텔서 성매매알선 업주 실형…종업원들 집행유예(로이슈 2016.3.9.)

130) 성매매 영업 알고도 임대료 받은 건물주, 알선 혐의로 벌금형(문화일보 2017.9.30.)

131) 성매매 광고 사이트 운영자 적발(대전일보 2015.5.27.); 성매매 알선 광고전단지 뿌린 40대 '집유' (뉴시스 2013.6.24.)

132) 코로나에 '출장 성매매·조건 만남' 불법광고 급증(국민일보 2021.2.4.)

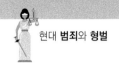

약자 등으로서 성매매를 하도록 알선·유인된 사람, 성매매 목적의 인신매매를 당한 사람이 이에 해당된다.

성매매피해자의 성매매는 처벌하지 아니한다. 오히려 국가와 지방자치단체는 성매매방지 및 피해자보호 등에 관한 법률에 따라 ① 성매매, 성매매 알선 등 행위 및 성매매 목적의 인신매매 신고체계의 구축·운영, ② 성매매, 성매매 알선 등 행위 및 성매매 목적의 인신매매를 방지하기 위한 조사·연구·교육·홍보, 법령 정비 및 정책 수립, ③ 성매매피해자 등의 보호와 자립을 지원하기 위한 시설의 설치·운영, ④ 성매매피해자 등에 대한 주거지원, 직업훈련, 법률구조 및 그 밖의 지원 서비스 제공, ⑤ 성매매피해자 등에 대한 보호·지원을 원활히 하기 위한 관련 기관 간 협력체계의 구축·운영, ⑥ 성매매, 성매매알선 등 행위 예방을 위한 유해환경 감시에 필요한 행정적·재정적 조치를 하여야 한다. 이에 일부 지방자치단체는 성매매집결지 폐쇄를 결정하고 집결지 개발 방안, 탈성매매 여성 지원 대책, 행정 처분 등 각종 계획을 수립하고 있다.[133]

---

133) 세금낭비 vs 자활 도와야…탈성매매 지원 놓고 쪼개진 창원(2021.4.25.)

현대 범죄와 형벌

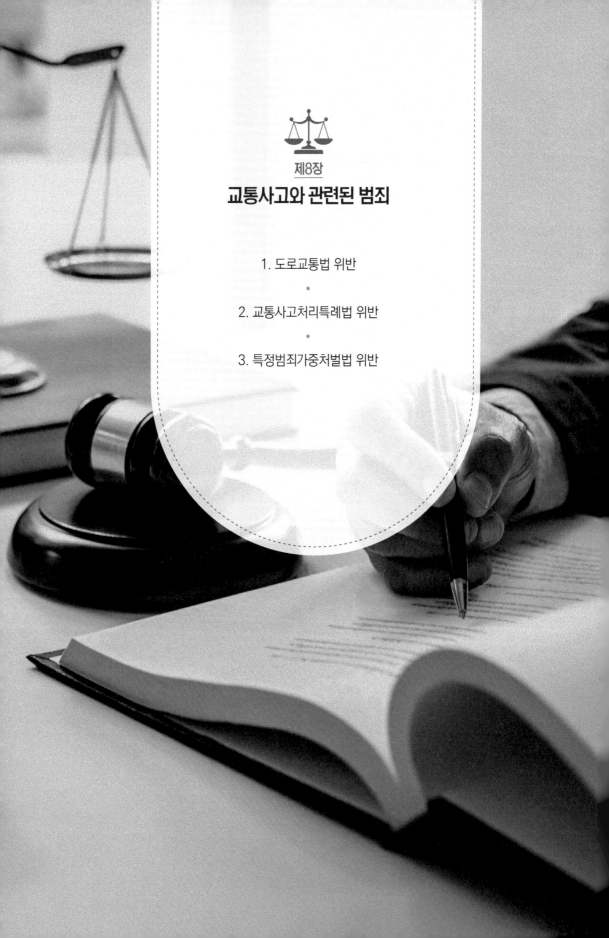

제8장

교통사고와 관련된 범죄

1. 도로교통법 위반

·

2. 교통사고처리특례법 위반

3. 특정범죄가중처벌법 위반

1. 도로교통법 위반

도로교통법

도로를 이용하는 사람이라면 누구나 도로교통법 규정을 어느 정도 알고 있어야 한다. 특히 각종 차의 운전자는 도로교통법에서 정한 통행방법이나 의무 등을 준수해야 한다. 그렇다면 도로교통법은 어떠한 내용을 규정하고 있을까. 도로교통법은 도로에서 일어나는 교통상의 모든 위험과 장해를 방지하고 제거하여 안전하고 원활한 교통을 확보하기 위해서 보행자와 차마의 통행방법, 운전자의 의무, 운전면허 등에 관한 사항을 규정하고 있다(제1조). 도로교통법상 차는 자동차, 건설기계, 원동기장치자전거, 자전거 등을 말한다(제2조 제17호). 원동기장치자전거에는 125cc 이하의 이륜자동차(오토바이)와 개인형 이동장치(전동킥보드)가 포함된다. 따라서 자전거와 전동킥보드를 운전할 경우에도 도로교통법상 각종 의무를 준수해야 하고, 법규 위반시 범칙금, 벌금 등이 부과됨을 유의해야 한다.[134][135]

안전하게 도로 주행하기

도로교통법상 모든 차의 운전자는 안전한 도로주행을 위해서 다음과 같은 사항을 준수해야 한다.[136]

첫째, 운전자는 보도와 차도가 구분된 도로에서는 차도를 통행하는 등 자동차 통행의 일반적인 기준을 준수해야 한다(제13조).

둘째, 운전자는 법정속도를 지키고 안전거리를 유지한다(제17조). 또한 모든 차의 운전자는 같은 방향으로 가고 있는 앞차의 뒤를 따르는 경우에는 앞차가 갑자기 정지하게 되는 경우 그 앞차와의 충돌을 피할 수 있는 필요한 거리를 확보해야 한다(제19조).

셋째, 운전자는 뒤에서 따라오는 차보다 느린 속도로 가려는 경우에는 도로의 우측 가장자리로 피하여 진로를 양보해야 한다(제20조). 운전자는 다른 차를 앞지르려면 앞차의 좌측으로 통행해야 한다(제21조).

---

134) 자전거는 도로교통법상 '차'에 해당(세계일보 2018.4.25.)

135) 법원 "전동킥보드, 도로교통법상 자동차"…음주사고 40대 집유(연합뉴스 2020.6.2.)

136) 자세한 사항은 도로교통공단 - 정보마당 - 교통안전정보 참고
https://www.koroad.or.kr/kp_web/knCarSafe1-03.do

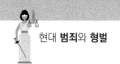

넷째, 운전자는 좌회전·우회전·횡단·유턴·서행·정지 또는 후진을 하거나 같은 방향으로 진행하면서 진로를 바꾸려고 하는 경우에는 손이나 방향지시기 또는 등화로써 그 행위가 끝날 때까지 신호를 해야 한다(제38조).

무면허운전 금지

자동차와 원동기장치 자전거를 운전하기 위해서는 운전면허를 취득하고 운전해야 한다. 특히 개인형 이동장치인 전동킥보드를 운전하기 위해서도 원동기면허 이상을 취득하고 운전해야 한다. 누구든지 운전면허를 받지 아니하거나 운전면허의 효력이 정지된 경우에는 자동차등을 운전하여서는 아니 된다(제43조). 만약 운전면허를 받지 않거나 운전면허의 효력이 정지된 사람이 **자동차와 원동기장치 자전거**를 운전하는 경우에는 1년 이하의 징역 또는 300만원 이하의 벌금, 전동킥보드를 운전하는 경우에는 10만원의 범칙금이 부과된다.[137]

음주운전 금지

혈중알코올농도가 0.03 퍼센트 이상으로 술에 취한 상태에서 자동차 등을 운전(이하에서는 '음주운전'이라고 한다)하여서는 아니된다(제44조 제1항). 여기서 자동차등은 승용자동차, 승합자동차, 화물자동차, 특수자동차, 이륜자동차, 원동기장치자전거, 건설기계관리법 제26조 제1항에 따른 건설기계(덤프트럭, 아스팔트살포기, 노상안전기, 콘크리트믹서트럭, 트럭적재식의 천공기 등)을 말한다.

경찰공무원은 교통의 안전과 위험방지를 위해 필요하다고 인정하거나 술에 취한 상태에서 자동차 등을 운전했다고 인정할 만한 상당한 이유가 있는 경우에는 운전자가 술에 취했는지를 호흡조사로 측정할 수 있다. 이 경우 운전자는 경찰공무원의 측정에 응해야 한다(제44조 제2항). 술에 취한 상태에서 자동차 등을 운전한 사람 또는 음주측정에 불응한 사람은 **도로교통법**에 따라 다음과 같이 처벌된다(제148조의2).[138]

---

137) 13일부터 '무면허 전동킥보드 운전' 10만원 범칙금(연합뉴스 2021.5.11.)

138) 서울중앙지법, 경찰 음주측정거부 시민 벌금 500만원(로이슈 2016.3.9.); 차 문 걸어 잠그고 음주측정 거부한 운전자 '면허 취소'(KBS뉴스 2016.6.13.)

혈중알콜농도	형사처벌	행정제재
0.03% 이상 0.08% 미만	1년 이하의 징역 또는 500만원 이하의 벌금	1년 이내의 범위(100일간) 운전 면허 정지
0.08% 이상 0.2% 미만	1년 - 2년 징역 또는 500만원 - 1천만원 벌금	운전면허 취소
0.2% 이상	2년 - 5년 징역 또는 1천만원 - 2천만원 벌금	운전면허 취소
음추측정 불응	1년 - 5년 징역 또는 500만원 - 2천만원 벌금	

술에 취한 상태에서 **원동기장치 자전거**를 운전하는 경우에는 자동차 음주운전과 동일하게 처벌된다.[139] 그러나 술에 취한 상태에서 전동킥보드를 운전한 사람에게는 10만원의 범칙금, 음주측정에 불응한 사람에게는 13만원의 범칙금이 부과된다.[140] 술에 취한 상태에서 자전거를 운전한 사람에게는 3만원의 범칙금, 음주측정에 불응한 사람에게는 10만원의 범칙금이 부과된다.[141]

139) 음주운전으로 7번 처벌받고 또 오토바이 만취 운전 50대 실형(2021.5.4.)

140) 전동킥보드 음주운행 30대에 10만원 범칙금(경향신문 2021.6.17.)

141) 자전거 음주운전 적발되면 범칙금 3만원(연합뉴스 2018.9.27.)

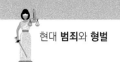

무보험운전 금지

자동차를 운행하는 자는 그 운행으로 다른 사람을 사망하게 하거나 부상하게 한 경우에는 그 손해를 배상할 책임을 진다. 그런데 운전자가 경제적 능력 등을 이유로 피해자에게 손해배상금을 지급하지 못할 수도 있다. 자동차손해배상보장법은 자동차보유자로 하여금 자동차의 운행으로 '다른 사람이 사망하거나 부상한 경우(대인배상Ⅰ)'와 '다른 사람의 재물이 멸실되거나 훼손된 경우(대물배상)'에 피해자에게 대통령령으로 정하는 금액을 지급할 책임을 지는 책임보험이나 책임공제에 가입하도록 하고 있다(제5조). 대인배상Ⅰ과 대물배상에 가입되어 있지 아니한 자동차는 도로에서 운행하여서는 아니 된다(제8조). 시장·군수·구청장은 의무보험에 가입되지 아니한 자동차의 등록번호판을 영치할 수 있다(제6조). 또한 의무보험에 가입되어 있지 아니한 자동차를 운행한 자동차보유자는 1년 이하의 징역 또는 1천만원 이하의 벌금에 처하게 된다(동법 제46조 제2항 제2호). 자동차에는 원동기장치자전거(오토바이)도 포함된다. 따라서 원동기장치 자전거(오토바이)의 경우 배기량에 관계없이 의무적으로 보험에 가입해야 하는데, 여전히 무보험의 비율이 높은 실정이다.[142]

실무에서 판매되고 있는 이른바 '자동차종합보험'은 크게 대인배상Ⅰ과 대물배상 외에 대인배상Ⅱ, 자기신체사고, 자기차량사고, 무보험자동차상해로 구성되어 있다.[143] 대인배상Ⅱ는 피해자가 입은 손해가 대인배상Ⅰ의 금액을 초과하여 보상하기로 하는 보험이다. 교통사고로 인해서 상대방만 다치거나 상대방의 차량만 망가지는 것은 아니다. 운전자 역시 다치거나 사망할 수도 있다. 피보험자가 피보험자동차의 사고로 인하여 입은 상해 보상하는 보험이 자기신체사고이다. 그리고 피보험자동차의 파손이나 도난 등에 의한 손해 보상하는 보험이 자기차량사고이다. 만약 피보험자가 무보험자동차에 의하여 손해를 입은 경우에 보상하는 보험이 무보험자동차 상해이다.

운전자가 사전에 '자동차종합보험'에 가입하는 경우에는 교통사고처리 특례법에 따라 교통사고로 인하여 상대방이 상해를 입게 된 경우에는 일정한 요건을 갖추면 형사처벌(업무상 과실치상죄)을 피할 수 있게 된다(제4조). 교통사고처리 특례법 제4조는 "교통사고를 일으킨 차가 자동차 보험 또는 공제에 가입된 경우에는 업

---

142) '배달 전성시대' 도로 위 오토바이 55.4%가 '무보험'(한겨레 2020.10.6.)

143) 온라인 보험슈퍼마켓 보험다모아(www.e-insmarket.or.kr)을 통해 보험회사별 보험상품 및 보험료 등을 비교하여 가입하는 것도 좋다.

무상 과실치상죄를 범한 차의 운전자에 대하여 공소를 제기할 수 없다."고 규정하고 있기 때문이다.[144] 이처럼 교통사고 발생시 운전자가 자동차종합보험에 가입되어 있는지 여부는 매우 중요하다. 예를 들어 A가 자신의 아버지 B의 자동차를 학교에 가지고 왔는데, A의 친구 C가 운전하다가 교통사고를 일으킬 수 있다. 이 경우 C는 운전을 하기 전에 '단기운전자 보험'에 가입한 후에 운전을 하는 것이 좋다.[145] C가 자동차보험에 가입하지 않고 운전을 하다가 교통사고를 낸 후, 보험에 가입한 B가 운전한 것으로 보험회사에 보험금을 청구한 경우 보험사기가 될 수 있으므로 유의하자.[146] 만약 피보험자가 아닌 C가 운전하다가 교통사고가 나면, 자동차종합보험의 혜택을 받을 수 없어 고스란히 민, 형사상 책임을 져야 한다. 따라서 운전하는 사람은 자신이 보험에 가입되어 있는 사람, 즉 피보험자인지 여부를 확인하도록 하는 것이 좋다.

한편, 자동차종합보험은 철저하게 민사상 손해배상 또는 운전자 자신의 손해보상에 맞추어진 보험이다. 그렇지만 교통사고로 인한 형사책임으로 벌금을 내야 하거나 변호사를 선임해야 하는 경우도 있다. 뿐만 아니라 징역형을 선고받아 교도소에서 복역을 해야 하는 경우도 있다. 이러한 경우를 대비하여 마련된 보험이 있는데, 바로 운전자보험이다. 운전자보험에서는 주로 형사벌금, 변호사 선임비용, 교통사고로 인한 소득상실시 생활자금 등을 보장해준다.[147] 그럼에도 운전자보험은 보험료가 비교적 소액이고, 다른 보험의 특약으로 가입되어 있는 경우가 많다. 그래서 운전자들은 자신이 운전자보험에 가입되어 있는지 여부를 인식하지 못하고 있거나 또는 중복가입하는 경우가 있다.[148] 따라서 운전자라면 사전에 자신이 운전자보험에 가입되어 있는지 여부를 확인하자.

교통사고시 피해자 구호의무

교통사고란 도로상의 자동차, 건설기계, 원동기장치자전거, 자전거 등 차의 교통으로 인하여 사람을 사상하거나 물건을 손괴한 사고를 말한다. 교통사고로 인한 피해로 사람이 사망하거나 상해를 입을 수 있고, 자동차 등 물건이 망가질 수도 있다.

---

144) 교통사고처리 특례법 없어야 교통사고 줄어든다(월간조선 2018.2.16.)

145) 설명절 추돌사고 증가 '운전자보험', '단기운전특약' 가입해야(아시아경제 2018.2.15.)

146) 아내 명의 '1인 한정 보험' 타려 운전자 바꿔…벌금 1천만원(연합뉴스 2018.2.21.)

147) 운전자보험이 뭐지?…有사고자가 無사고자보다 7배 많이 가입(헤럴드경제 2017.2.23.)

148) 12월부터 운전자보험 등 손해보험 중복 가입때 소비자 통보 의무화(이데일이 2018.6.24.)

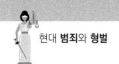

만약 우리에게 교통사고가 난다면 우리가 취해야 할 조치들은 어떤 것들이 있을까.

우선, 차의 운전 중 사람을 사상하거나 물건을 손괴, 즉 교통사고를 일으킨 경우에는 그 차 또는 노면전차의 운전자나 그 밖의 승무원은 즉시 정차하여 사상자를 구호하는 등 필요한 조치를 취하고, 피해자에게 성명·전화번호·주소 등 인적 사항을 제공해야 한다(도로교통법 제54조).[149] 이러한 구호조치를 취하지 않으면 수사 결과 교통사고 자체에는 아무런 잘못이 없다고 하더라도 처벌을 받을 수 있다. 교통사고를 낸 사람이 구호조치를 취하지 않고 도망을 가 버린 경우 이것을 '뺑소니'라고 부른다. 뺑소니가 되지 않으려면 아무리 당황스럽고 무섭더라도 다음의 조치를 반드시 해야 한다. 첫째, 교통사고 발생 시 즉지 정차하고 피해자의 상처 여부를 확인한다. 둘째, 경찰서에 신고하고 보험 회사에 연락하여 사고를 접수시켜야 한다. 셋째, 다친 사람이 있는 경우 곧바로 병원으로 후송되도록 조치해야 한다. 넷째, 운전자의 운전 면허증 또는 명함 등을 제시하여 신분, 전화번호 등을 확인하는데, 특히 피해자가 어린이나 청소년인 경우에는 괜찮다고 대답하여도 연락처와 신분 확인은 반드시 필요하다.[150]

교통사고시 신고의무

교통사고 발생시 운전자는 사상자 구호조치가 끝나면 곧바로 가까운 경찰관서 또는 112에 사고가 일어난 곳, 사상자 수 및 부상 정도, 손괴한 물건 및 손괴 정도, 그 밖의 조치사항 등을 신고해야 한다. 이러한 의무(신고의무)를 위반하여도 처벌을 받는다. 다만 자동차만 파손된 것이 명백하고, 사고 후 또 다른 사고가 나지 않게 함은 물론, 교통 소통에도 장애가 없도록 하는 등의 조치를 한 때에는 신고의무가 면제된다.

---

149) 접촉사고 후 피해자 연락처만 받고 떠났다면 '뺑소니'(연합뉴스 2016.6.17.)

150) 차량에 치인 어린이가 '괜찮다' 해도 현장 이탈하면 뺑소니(SBS 뉴스 2017.10.12.)

2. 교통사고처리특례법 위반

교통사고처리 특례법상 처벌여부의 구분

자동차, 건설기계, 원동기장치자전거, 자전거 등 차의 운전자가 교통사고로 인하여 다른 사람을 사상한 경우에는 업무상 과실치사상죄로 5년 이하의 금고 또는 2천만원 이하의 벌금에 처한다. 그러나 자동차의 운전이 국민생활의 기본요소로 되어가는 현실에 부응하여 교통사고를 일으킨 운전자에 대한 형사처벌 등의 특례를 정할 필요가 있었다.

이에 교통사고처리 특례법은 운전자가 신호위반·중앙선침범·무면허운전·주취운전 등 이외의 과실로 인한 상해 교통사고의 경우 사전에 자동차 종합보험에 가입을 했거나 피해자와 합의를 했다면 업무상 과실치사죄로 공소를 제기할 수 없도록 하고 있다(제3조 제1항). 이 법률에 의해 형사처벌을 피할 수 있는 요건은 다음과 같다. 첫째, 교통사고가 발생 이전에 운전자는 자동차종합보험이나 관련 공제에 가입하여야 한다. 둘째, 교통사고 자체가 12대 중요 위반에 해당하지 않아야 한다. 셋째, 교통사고 결과 피해자가 사망하거나 신체의 상해로 인하여 생명에 대한 위험이 발생하거나 불구가 되거나 불치 또는 난치의 질병이 생긴 경우가 아니어야 한다. 넷째, 교통사고 발생 후 운전자는 피해자에 대한 구호의무를 다하여야 한다.

만약, 운전자가 업무상과실 또는 중대한 과실로 사람을 상해하거나 타인의 재물을 손괴한 경우에 신호위반·중앙선침범·무면허운전·주취운전 등으로 인한 사고로 상대방에게 부상을 입혔다면 5년 이하의 금고 또는 2천만 원 이하의 벌금에 처하게 된다(제3조 제2항). 교통사고처리 특례법에 따라 교통사고로 상대방에게 상해를 입히면 업무상 과실치상죄로 처벌받게 되는 운전자의 과실로는 다음과 같은 것들이 있다.

신호 위반

신호기가 표시하는 신호 또는 교통정리를 하는 경찰공무원등의 신호를 위반하거나 통행금지 또는 일시정지를 내용으로 하는 안전표지가 표시하는 지시를 위반하여 운전해서는 안된다. 신호기 표시 중 운전자들이 혼동을 하는 대표적인 것이 비보호 좌회전과 점멸신호이다.

첫째, 비보호 좌회전 표시판에 적색불이 켜질 때 좌회전을 하면 신호 위반이 된다.

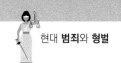

참고로 비보호 좌회전 표시판에 녹색불이 켜질 때에도 무조건 좌회전이 가능한 것이 아니라, 반대 차선에 차량이 없을 때에 한하여 좌회전이 가능하다. 만약 녹색불이 켜진 것만 보고 반대 차선을 가고 있는 차량과 사고가 난 경우, 신호위반은 아니지만 민사상 손해배상책임 비율을 산정할 때 좌회전 운전자의 과실이 더 크거나[151] 100%로 인정될 수 있다.[152]

둘째, 교차로의 차량신호등이 적색이고 교차로에 인접한 횡단보도 보행등이 녹색인 경우에, 차량 운전자가 횡단보도 앞에서 정지하지 않고 횡단보도를 지나는 것은 신호위반이다.[153]

셋째, 적색점멸 신호등에 일시정지하지 않은 것은 신호위반이다. 적색점멸신호는 차마는 정지선이나 횡단보도가 있을 때에는 그 직전이나 교차로의 직전에 일시정지한 후 다른 교통에 주의하면서 진행할 수 있기 때문이다.[154]

중앙선 침범

중앙선 침범 교통사고의 경우, 반대 차선의 차량과 정면 충돌 교통사고를 유발할 위험이 있어 대형 인명피해로 이어질 가능성이 높다. 고속도로에서 운전을 하다 보면 IC의 출구에서 진입로를 잘못 찾은 자동차가 후진을 하는 경우를 종종 볼 수 있다. 이러한 후진 역시 대형참사로 이어질 수 있으니 주의해야 할 것이다. 이 때문에 교통사고처리 특례법은 중앙선을 침범하거나 고속도로 등을 횡단, 유턴 또는 후진해서는 안된다고 규정하고 있다. 특히 중앙선을 침범하는 대표적인 경우는 불법 유턴시 발생한다.[155] 따라서 유턴을 하기 위해서는 유턴 표시가 있고 중앙선이 흰 점선으로 바뀌는 곳으로 가서 해야 한다.[156]

제한속도 초과

운전자는 제한속도를 준수하면서 운전해야 한다. 혹시 제한속도를 초과하더라도 시속 20킬로미터 초과하여 운전하다 교통사고로 상대방이 부상을 입은 경우 교통

---

151) "비보호 좌회전·과속車 충돌 과실 60:40"(세계일보 2017.8.16.)

152) 대구지법, 비보호좌회전 차량에 '100%과실'(로이슈 2017.6.19.)

153) 교차로 교통신호 적색에 횡단보도 신호등 녹색이면 운전자 우회전하면 신호위반 해당(법률신문 2011.8.22.)

154) 전주지검, 적색 점멸신호 안 지킨 사고 기소 방침(연합뉴스 2014.7.15.)

155) 월계동 교통사고, 불법 유턴이 만든 참사… 택시기사 불구속 입건(이투데이 2014.3.22.)

156) 대구지법, 유턴 허용구역 교통사고 '중앙선 침범 해당 안돼'(로이슈 2016.10.30.)

사고처리 특례법상 제한속도 초과로 업무상 과실치상죄로 처벌받을 수 있다.[157] 예를 들어 제한속도 50㎞/h인 곳에서 75㎞/h로 운전하다가 교통사고를 일으켜 상대방에게 상해를 입힌 경우라면 업무상 과실치상죄로 처벌받을 수도 있다.

추월방법 위반, 끼어들기

운전하다가 앞지르기를 하기 위해서는 어떻게 해야 할까. 모든 차의 운전자는 다른 차를 앞지르려면 앞차의 좌측으로 통행하여야 한다(도로교통법 제21조). 만약 앞지르기의 방법·금지시기·금지장소 또는 끼어들기의 금지를 위반하다 교통사고로 상대방이 부상을 입은 경우 교통사고처리 특례법상 추월방법 위반 등으로 인한 업무상 과실치상죄로 처벌받게 된다. 특히 최근 고속도로에서 무리한 끼어들기로 인해 수십 명의 사상자가 발생하는 사건들이 있었다.[158]

철길건널목 통과방법 위반

모든 차 또는 노면전차의 운전자는 철길 건널목을 통과하려는 경우에는 건널목 앞에서 일시정지하여 안전한지 확인한 후에 통과하여야 한다. 만약 이러한 철길건널목 통과방법을 위반하다 교통사고로 상대방이 부상을 입은 경우 교통사고처리 특례법상 업무상 과실치상죄로 처벌받게 된다.

횡단보도 보행자 보호의무 위반

우리는 어렸을 때부터 도로를 건널 때는 횡단보도로 건너야 한다는 말을 들었다. 왜냐하면 모든 차의 운전자는 보행자가 횡단보도를 통행하고 있을 때에는 보행자의 횡단을 방해하거나 위험을 주지 아니하도록 그 횡단보도 앞에서 일시 정지하여야 하도록 규정하고 있기 때문이다. 만약 운전자가 횡단보도를 건너고 있는 보행자를 치어 보행자에게 부상을 입힌 경우 교통사고처리 특례법상 횡단보도에서의 보행자 보호의무위반으로 인한 업무상 과실치상죄로 처벌받게 된다.

물론 보행자 역시 횡단보도를 건널 때 보행자 신호를 준수해야 할 것이다. 최근 법원은 보행자 신호등이 적색 불일 때 횡단보도에 진입한 보행자, 즉 무단횡단을

---

157) 올림픽대로서 234㎞/h로 외제차 몰다 사고 낸 30대 3명(중앙일보 2017.8.8.)

158) 대전 관광버스 전복사고 끼어들기 70대 구속(국민일보 2016.11.10.); '10명 사망' 관광버스 화재사고 원인은 '과속·끼어들기'(2016.10.21.)

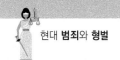

하는 보행자를 치어 숨지게 한 운전자들에게 잇달아 업무상 과실치사죄 무죄를 선고하고 있다.[159] 법원은 "운전자는 전방과 좌우를 잘 살펴 안전하게 주행해야 할 주의의무가 있지만, 주행 중인 차량의 측면 인도에 서 있던 사람이 갑자기 차도로 뛰어들거나 차량의 측면 중간 부분에 부딪힐 것까지 예상해 이를 피해서 운전하기는 사실상 불가능하다."고 보았기 때문이다. 따라서 보행자는 횡단보도를 건널 때 신호를 잘 지켜야 할 것이다.

무면허운전

우리들은 무면허라고 하면, 중고등학생처럼 아직 면허를 취득하지 못한 사람을 떠올린다. 그렇지만 무면허로 단속에 적발되는 사람들을 보면 운전면허를 소지하였다가 음주운전 등과 같은 여러 가지 사유로 면허정지 또는 면허취소를 당한 사람들이다. 이들은 현재 운전면허는 없지만 운전을 아주 잘 하는 사람들이다. 이들 중 일부는 자동차를 운전을 해야 할 상황에 처하게 되면 무면허인 상태로 운전을 해버린다. 단속중인 경찰관에게 무면허만이 적발된다면, 무면허운전죄로 1년 이하의 징역이나 300만원 이하의 벌금의 처벌을 받게 된다(도로교통법 제153조).[160] 그런데 무면허상태에서 교통사고로 상대방이 부상을 입은 경우 교통사고처리 특례법상 무면허 운전으로 업무상 과실치상죄로 처벌받게 된다. 이 상태에서 피해자를 구호하지 않고 뺑소니를 한다면 특정범죄 가중처벌 등에 관한 법률상 도주차량 운전자로 가중처벌을 받게 된다.[161]

🔍 **중과실 8 : 음주운전**

음주운전 교통사고의 경우에는 특정범죄 가중처벌 등에 관한 법률의 적용을 받게 된다.

---

159) 횡단보도 무단횡단 사망사고… 법원 "버스기사 무죄"(경기일보 2018.5.15.); 무단횡단하는 사람 치어 중상입힌 택시운전사 무죄(2016.10.27.)

160) '무면허운전 전과 4범' 한의사, 또 운전대 잡았다 벌금형(연합뉴스 2016.9.21.)

161) 과속 추돌해 일가족 4명 사상…무면허 뺑소니 '징역 6년'(연합뉴스 2018.7.11.); 제주서 무면허 뺑소니 사고 낸 사회복무요원 '징역형'(뉴시스 2017.3.16.)

인도 침범

인도 침범을 하는 대표적인 사람은 오토바이, 전동킥보드, 자전거 등 운전자이다. 만약 이들이 인도에서 타다가 보행자에게 부상을 입힐 경우 교통사고처리 특례법상 인도 침범으로 업무상 과실치상죄로 처벌받게 된다.[162]

승객추락방지의무 위반

학원차량의 운전자가 어린 학생들이 안전벨트를 매지 않은 상태에서 문을 제대로 닫지 않고 출발 하는 경우나 버스 운전자가 버스를 덜 멈춘 상태에서 뒷문을 여는 경우에 이 운전자들이 위반한 대표적인 것이 승객추락방지의무이다. 이 경우 승객이 부상당하였다면, 운전자는 교통사고처리 특례법상 승객추락방지의무위반으로 인한 업무상 과실치상죄로 처벌받게 된다.

어린이보호구역에서의 사고

운전자가 어린이보호구역 내 안전운전 의무 부주의로 어린이 사망이나 상해사고를 일으킬 경우에는 특정범죄 가중처벌 등에 관한 법률의 적용을 받게 된다.

화물추락방지의무 위반

이른바 도로 위의 흉기라고 불리는 화물차의 불량적재물로 인한 피해가 계속되자 2017년 12월부터 자동차의 화물이 떨어지지 아니하도록 필요한 조치를 하지 아니하고 운전한 경우를 중과실 교통사고에 추가시켰다. 따라서 적재물 추락으로 인한 교통사고로 다른 사람에게 부상을 입힐 경우 교통사고처리 특례법상 화물추락방지의무위반으로 업무상 과실치상죄로 처벌받게 된다.

---

162) 전동킥보드, 인도에서 사람 치면? 합의해도 처벌 받는 '중과실' 분류된다(아시아경제 2020.11.4.)

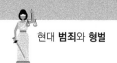

3. 특정범죄가중처벌법 위반

교통사고 가중처벌

일반적인 교통사고의 경우에는 원칙적으로 교통사고처리 특례법에 의해서 처리된다. 그러나 음주운전 교통사고, 어린이보호구역에서의 교통사고, 뺑소니 등으로 사람을 다치거나 죽게 한 사건은 특정범죄 가중 처벌 등에 관한 법률에 의해서 가중처벌하고 있다.

➡ 운전자 과실별 처벌

구분	법률	피해자 사망	피해자 상해
12대 중과실 아닌 경우	교통사고처리 특례법 처벌	5년 이하의 금고 2천만원 이하의 벌금	처벌받지 않을 수 있음
12대 중과실 중 10개		5년 이하의 금고 2천만원 이하의 벌금(벌금은 운전자보험 이용 가능)	
음주	특정범죄가중 처벌법 처벌	무기 또는 3년 이상의 징역	1년 - 15년 징역 1천만원 - 3천만원 벌금
어린이보호구역		무기 또는 3년 이상의 징역	1년 - 15년 징역 500만원 - 3천만원 벌금
뺑소니		무기 또는 5년 이상의 징역	1년 이상의 유기징역 500만원 - 3천만원 벌금

위험운전 치사상

일반적인 교통사고와 달리 음주운전으로 인한 교통사고는 중대한 형사범죄이다. 음주운전 교통사고로 인한 피해자가 있을 때 운전자는 자신의 음주상태로 인해 교통사고, 즉 피해자를 사망시키거나 상해를 입힐 수 있음을 알면서도 음주운전하여 사상의 사고를 일으킨 것으로 보여진다. 즉, 살인이나 상해의 미필적 고의를 인정할 수 있다. 음주운전 교통사고의 경우에는 교통사고처리 특례법이 아닌 특정범죄 가중처벌 등에 관한 법률상 위험운전 치사상죄로 처벌받게 된다. 구체적으로는 음주 또는 약물의 영향으로 정상적인 운전이 곤란한 상태에서 자동차(원동기장치자전거를 포함한다)를 운전하여 피해자를 사망에 이르게 한 사람은 무기 또는 3년 이상의 징역에 처한다. 피해자를 상해에 이르게 한 사람은 1년 이상 15년 이하의 징역 또는 1천만원 이상 3천만원 이하의 벌금에 처한다(제5조의11 제1항).[163] 참고로 이는 2018년 만취한 운전자가 몰던 차량에 치어 숨진 故 윤창호씨 사건을 계기로 도로교통법의 음주운전 수치 강화와 함께 개정된 것이다.[164]

만약 음주운전 교통사고로 인한 처벌이 무서워 피해자를 구호하지 않고 도주하는 경우에는 도주차량 운전자로서 이보다 더 무겁게 처벌된다.

어린이 보호구역에서의 어린이 치사상

어린이 보호구역에서는 시속 30킬로미터 이내로 서행하면서 어린이의 안전에 유의하면서 운전하여야 할 의무가 있다. 자동차(원동기장치자전거를 포함한다)의 운전자는 어린이 보호구역에서의 통행속도를 시속 30킬로미터 이내로 제한하고 어린이의 안전에 유의하면서 운전하여야 할 의무가 있다. 속도제한과 어린이 안전주의의무를 위반하여 13세 미만인 어린이를 사망에 이르게 한 경우에는 무기 또는 3년 이상의 징역에 처한다. 어린이를 상해에 이르게 한 경우에는 1년 이상 15년 이하의 징역 또는 500만원 이상 3천만원 이하의 벌금에 처한다(제5조의13). 참고로 이는 운전자가 어린이 보호구역에서 중앙선을 침범해 불법유턴을 하다가 故 김민석 군을 숨지게 한 사건을 계기로 도로교통법의 어린이보호구역 내 신호등과 과속단속카메라 설치 의무화와 함께 개정된 것이다. 최근 어린이 보호구역(스쿨존)에서 불법 유턴을 하다 도로변에 서 있던 두 살배기 남자아이를 치어 숨지게 한 50대 운전자에 대해 운전자는 "시속 9㎞로 운전했고, 어린이 보호구역인 줄 몰랐다."고 주장했지만, 법원은 "제한 속도를 지켰더라도 어린이 안전에 유의해야 할 의무를 위반했다."면서 유죄를 선고했다.[165] 유사한 사건에서 운전자가 주의의무를 다한 것으로 판단된 사건에서는 무죄가 선고되었다.[166]

도주차량 운전자

앞에서 살펴본 바와 같이 도로교통법은 자동차, 건설기계, 원동기장치자전거, 자전거 등 차의 운전 중 사람을 사상하거나 물건을 손괴한 경우에는 운전자는 즉시

---

163) 음주운전 사망사고, 고작 '징역 8년'…"얼마나 죽어야 무기징역?"(한겨레 2021.4.20.)

164) 윤창호법 시행 2년…서울 음주 교통사고 41.2% 감소(중앙일보 2021.6.24.)

165) '민식이법 별것 아니다'는 오해? 첫 사망사고에 집유 판결 왜(중앙일보 2021.7.9.)

166) 서행 중 갑자기 차도에 뛰어든 아이 치어…법원 "민식이법 무죄"(연합뉴스 2021.6.28.)

정차하여 사상자를 구호하는 등 필요한 조치를 취하도록 하고 있다. 만약 자동차 등의 운전 중 교통으로 인하여 업무상 과실치사상죄를 범한 해당 사고차량의 운전자가 피해자를 사망에 이르게 하고 도주하거나, 도주 후에 피해자가 사망한 경우에는 무기 또는 5년 이상의 징역에 처한다. 피해자를 상해에 이르게 한 경우에는 1년 이상의 유기징역 또는 500만원 이상 3천만원 이하의 벌금에 처한다(제5조의3 제1항).

사실 막상 교통사고가 발생하면 운전자들은 처벌을 두려워하게 된다. 특히 운전자가 음주운전으로 인한 교통사고를 낸 경우라면 도로교통법상 음주운전죄와 특정범죄 가중처벌 등에 관한 법률상 위험운전 치사상죄로 형사처벌을 받게 되고, 운전면허이 정지 또는 취소된다. 만약 운전자가 공무원이나 공공기관의 직원 등인 경우에는 직장 내 징계도 받을 수 있다.[167] 그렇지만 최근 조사에 따르면 차량용 블랙박스와 CCTV 등 장비의 대중화로 뺑소니 검거율이 100%에 가깝다.[168] 교통사고 도주차량운전자로 인정되면 비록 자동차 종합보험에 가입되어 있거나 피해자와 합의가 되더라도 도주차량 운전자로서 가중처벌을 받게 된다.[169]

---

167) 작년 국가공무원 1천175명 '음주운전'으로 징계받아(연합뉴스 2017.8.29.)

168) "뺑소니 사고 검거율 100% 가깝다"…그 이유는(연합뉴스 2018.2.9.)

169) 뺑소니 처벌 5개월만에 또…70대 여성에 징역 4년 선고(서울경제 2018.2.3.)

현대 범죄와 형벌

제9장

재산범죄, 마약범죄, 경범죄

1. 재산범죄

·

2. 마약범죄

·

3. 경범죄

1. 재산범죄

재산범죄

　재산범죄란 재산이나 재산적 권리를 보호법익으로 하는 범죄이다. 대표적으로는 절도죄, 강도죄, 사기죄, 공갈죄, 횡령죄, 배임죄, 장물죄, 손괴죄 등이 있다. 절도죄는 타인의 재물을 절취하는 범죄이다(제329조). 강도죄는 폭행 또는 협박으로 타인의 재물을 강취하거나 기타 재산상의 이익을 취득하거나 제삼자로 하여금 이를 취득하게 하는 범죄이다(제333조). 장물죄는 장물을 취득, 양도, 운반 또는 보관하는 범죄이다(제362조). 손괴죄는 타인의 재물, 문서 또는 전자기록등 특수매체기록을 손괴 또는 은닉 기타 방법으로 기 효용을 해하는 범죄이다(제366조). 이하에서는 사기죄, 횡령죄, 배임죄를 중심으로 살펴보기로 한다.

사기죄

　형법상 사기죄로는 사기죄, 컴퓨터 등 사용사기죄, 준사기죄, 편의시설부정이용죄 등이 있다.

　첫째, 사기죄는 사람을 기망하여 재물의 교부를 받거나 재산상의 이익을 취득하는 범죄이다. 사람을 기망하여 제3자로 하여금 재물의 교부를 받게 하거나 재산상의 이익을 취득하게 하는 것 역시 사기에 해당한다(제347조). 기망이란 재산적 거래 관계에서 서로 지켜야 할 신의와 성실의 의무를 저버리는 모든 적극적, 소극적 행위를 말한다. 적극적 기망은 적극적으로 허위사실을 날조하는 등의 행위를 하는 것을 말한다. 소극적 기망은 법률상 고지의무 있는 자(일반거래의 경험칙상 상대방이 그 사실을 알았더라면 당해 법률행위를 하지 않았을 것이 명백한 경우에는 신의칙에 비추어 그 사실을 고지할 법률상 의무가 인정된다)가 일정한 사실에 관하여 상대방이 착오에 빠져 있음을 알면서도 이를 고지하지 않은 것이다. 어떤 행위가 다른 사람을 착오에 빠지게 한 기망행위에 해당하는가의 여부는 거래의 상황, 상대방의 지식, 경험, 직업 등 행위 당시의 구체적 사정을 고려하여 일반적, 객관적으로 결정하여야 한다. 사기의 대표적인 예로는 채무 사기, 대출 사기, 투자 사기, 다단계 사기, 보험 사기, 중고사이트 사기 등이 있으며, 최근에는 다양한 유형의 신종 사기로 인한 피해도 많이 신고 되고 있으므로 주의를 해야 한다. 참고로, 사기죄, 공갈죄, 횡령죄, 배임죄를 범한 사람이 그 범죄행위로 인하여 취득하거나 제3자로 하여

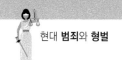
금 취득하게 한 재물 또는 재산상 이익의 가액이 5억원 이상일 때에는 특정경제범죄 가중처벌 등에 관한 법률에 의하여 가중처벌된다.

둘째, 컴퓨터 등 사용사기는 컴퓨터 등 정보처리장치에 허위의 정보 또는 부정한 명령을 입력하거나 권한 없이 정보를 입력·변경하여 정보처리를 하게 함으로써 재산상의 이익을 취득하거나 제3자로 하여금 취득하게 할 때 성립되는 범죄이다(제347조의2). 찜질방에서 휴대전화 훔친 후 송금중개 애플리케이션을 이용해 돈을 인출한 경우,[170] 숨진 시어머니의 통장에서 돈을 인출한 경우[171]에 컴퓨터사용사기죄가 인정되었다.

셋째, 준사기는 미성년자의 지려천박 또는 사람의 심신장애를 이용하여 재물의 교부를 받거나 재산상의 이익을 취득하는 범죄이다(제348조). 장애인 등을 고용하고 급여를 지급하지 않은 각종 장애인 노동력 착취 사건에서 업주들에게 적용된 범죄가 바로 준사기이다.[172]

넷째, 편의시설부정이용죄는 부정한 방법으로 대가를 지급하지 아니하고 자동판매기, 공중전화 기타 유료자동설비를 이용하여 재물 또는 재산상의 이익을 취득하는 범죄이다(제348조의2). 하이패스 단말기, 지하철 개찰구 등도 편의시설로 인정하여 이를 공짜로 이용할 경우 편의시설부정이용죄가 성립된다.[173]

횡령죄

형법상 횡령죄로는 횡령죄, 업무상 횡령죄, 점유이탈물횡령죄 등이 있다.

첫째, 횡령죄는 타인의 재물을 보관하는 자가 그 재물을 횡령하거나 그 반환을 거부하는 범죄이다(형법 제355조 제1항). 타인의 재물을 보관한다는 것은 법률상 또는 사실상 위탁관계(위임계약, 사무관리 등)에 의해 재물을 점유하는 것을 말한다. 횡령행위는 불법영득의사를 실현하는 일체의 행위를 말한다.

둘째, 업무상 횡령죄는 업무상의 임무에 위배하여 횡령할 때 성립하는 범죄이다(제356조). 주로 회사, 기관 등에서 회계나 지출 업무를 담당하는 사람이 자신이 관리하는 자금을 사적으로 사용할 경우에 업무상 횡령죄에 해당된다.

셋째, 점유이탈물횡령죄는 유실물, 표류물 또는 타인의 점유를 이탈한 재물을 횡

170) 찜질방에서 휴대전화 훔친 후 '토스' 앱 깔아 돈 빼내…컴퓨터등 사용사기(리걸타임 2019.12.10.)

171) 숨진 시어머니 통장서 1억1천여만원 인출해 사용한 며느리 집유(세계일보 2021.6.22.)

172) 염전서 4년간 부려먹고 임금 500만원…악덕업주에 집행유예 논란(세계일보 2016.4.17.)

173) 416차례 통행료 100만원 안 낸 40대에 벌금 150만원 선고(경향일보 2019.10.22.)

령하는 범죄이다(제360조). 승객이 택시나 버스 등에 놓고 내린 지갑, 휴대폰, 교통카드 등이 대표적인 점유이탈물이다. 누군가 분실한 물건을 주워 가져가면 점유이탈물횡령죄에 해당할 확률이 높다.[174]

배임죄

형법상 배임죄로는 배임죄, 업무상 배임죄, 배임수재죄 등이 있다.

첫째, 배임죄는 타인의 사무를 처리하는 자가 그 임무에 위배하는 행위로서 재산상의 이익을 취득하거나 제3자로 하여금 이를 취득하게 하여 본인에게 손해를 가한 때 성립하는 범죄이다(형법 제355조 제2항). 배임죄의 주체는 타인의 사무를 처리하는 자인데, 이는 보통 믿고 맡길 수 있는 관계, 곧 신임관계(법적인 관계, 사실상의 관계)에 기초를 두고 타인의 재산관리에 관한 사무를 대행하거나 타인 재산의 보전행위에 협력하는 자를 말한다. 흔히 회사와 이사 사이, 학교법인과 그 학교법인 소속 학교의 총장이나 교장 사이에 이러한 신임관계가 인정된다. 임무위배행위는 처리하는 사무의 내용, 성질 등 구체적 상황에 비추어 법령의 규정, 계약 내용 또는 신의성실의 원칙상 당연히 하여야 할 것으로 기대되는 행위를 하지 않거나 당연히 하지 않아야 할 것으로 기대되는 행위를 함으로써 본인과 맺은 신임관계를 저버리는 일체의 행위를 말한다.

둘째, 업무상 배임죄는 업무상의 임무에 위배하여 배임할 때 성립하는 범죄이다(제356조).

셋째, 배임수재죄는 타인의 사무를 처리하는 자가 그 임무에 관하여 부정한 청탁을 받고 재물 또는 재산상의 이익을 취득하는 범죄이다. 여기서 부정한 청탁이란 사회상규나 신의성실에 반하는 청탁을 말한다(제357조 제1항).

넷째, 배임증재죄는 타인의 사무를 처리하는 자에게 그 임무에 관하여 부정한 청탁을 하고 재물 또는 이익을 공여할 때 성립하는 범죄이다(제357조 제2항).

---

174) "BTS 교통카드는 소장품…길에서 주워가면 점유이탈물 횡령"(연합뉴스 2019.8.18.)

 2. 마약범죄

마약범죄의 심각성

과거에는 마약, 향정신성의약품, 대마 등 마약류에 대한 강력한 단속으로 국내에서의 마약류 공급이 적었지만, 최근에는 외국산 마약류가 공항과 항만을 통하여 대량으로 밀반입되어 유통되고 있다. 마약범죄는 가족이나 친지, 동료 등 주변에서 일상적으로 행해지는 것을 경험하거나 주변의 권유에 의해서 자연스럽게 학습되는 경우가 많다. 이 때문에 우리나라의 마약범죄자는 특수한 신분계층이 아니라 주부·학생·회사원 등 사회의 전계층으로 확산되고 있다.[175]

우리나라의 마약류 범죄에 대한 처벌법규로는 형법 외에 마약류 관리에 관한 법률, 마약류 불법거래 방지에 관한 특례법 등이 있다.

마약류의 의의

마약류관리에 관한 법률에 의하면 마약류란 마약·향정신성의약품 및 대마를 말한다.

첫째, 마약이란 의존성이 있으면서 오용이나 남용되는 물질로서, ① 양귀비, ② 양귀비의 액즙이 응결된 것과 이를 가공한 아편, ③ 코카 잎, ④ 양귀비, 아편 또는 코카 잎에서 추출되는 모든 알카로이드 및 그와 동일한 화학적 합성품으로서 대통령령으로 정하는 것, ⑤ 그 밖에 위와 동일하게 남용되거나 해독(害毒) 작용을 일으킬 우려가 있는 화학적 합성품으로서 대통령령으로 정하는 것, ⑥ 위에 열거된 것을 함유하는 혼합물질 또는 혼합제제 등이 있다.

둘째, 향정신성의약품이란 인간의 중추신경계에 작용하는 것으로서, ① 오용하거나 남용할 우려가 심하고 의료용으로 쓰이지 아니하며, 안전성이 결여되어 있는 것으로서 이를 오용하거나 남용할 경우 심한 신체적 또는 정신적 의존성을 일으키는 약물 또는 이를 함유하는 물질, ② 오용하거나 남용할 우려가 심하고 매우 제한된 의료용으로만 쓰이는 것으로서, 이를 오용하거나 남용할 경우 심한 신체적 또는 정신적 의존성을 일으키는 약물 또는 이를 함유하는 물질, ③ 위에 규정된 것보다 오용하거나 남용할 우려가 상대적으로 적고 의료용으로 쓰이는 것으로서 이를 오용

---

175) 코로나에 비대면 마약 거래 급증…지난해 마약사범 역대 최다(한국일보 2021.6.9.)

하거나 남용할 경우 그리 심하지 아니한 신체적 의존성을 일으키거나 심한 정신적 의존성을 일으키는 약물 또는 이를 함유하는 물질, ④ 위에 규정된 것보다 오용하거나 남용할 우려가 상대적으로 적고 의료용으로 쓰이는 것으로서 이를 오용하거나 남용할 경우 신체적 또는 정신적 의존성을 일으킬 우려가 적은 약물 또는 이를 함유하는 물질, ⑤ 위에 열거된 것을 함유하는 혼합물질 또는 혼합제제 등이 있다. 대표적으로 메트암페타민(필로폰), 프로포폴 등이 있다.

셋째, 대마로는 ① 대마초와 그 수지(樹脂), ② 대마초 또는 그 수지를 원료로 하여 제조된 모든 제품, ③ ① 또는 ②에 규정된 것과 동일한 화학적 합성품으로서 대통령령으로 정하는 것, ④ ① 부터 ③까지에 규정된 것을 함유하는 혼합물질 또는 혼합제제 등이 있다.

마약류 취급자

마약류는 치료, 연구 등을 위해서 사용되기도 한다. 그래서 우리 법은 마약류를 취급할 수 있는 자를 수출입업자, 마약류 제조업자, 마약류 원료사용자, 대마재배자, 마약류 도매업자, 마약류 관리자, 마약류 취급학술연구자, 마약류 소매업자, 마약류 취급의료업자 등으로 식품의약품안전처장의 허가를 얻은 자로 한정하고 있다. 이들만이 ① 마약 또는 향정신성의약품을 소지, 소유, 사용, 운반, 관리, 수입, 수출, 제조, 조제, 투약, 수수, 매매, 매매의 알선 또는 제공하는 행위, ② 대마를 재배·소지·소유·수수·운반·보관 또는 사용하는 행위, ③ 마약 또는 향정신성의약품을 기재한 처방전을 발급하는 행위, ④ 한외마약을 제조하는 행위를 할 수 있도록 하고 있다. 한편, 마약류 취급자의 마약류 오남용을 막기 위해서 마약류통합관리시스템(https://www.nims.or.kr/)을 구축하여 마약류의 생산, 유통, 사용까지 전 과정을 모니터링하고 있다.[176]

마약류 범죄

허가받은 마약류 취급자가 아닌 자가 마약류를 취급할 경우에 마약류 범죄가 된다. 이러한 마약류 범죄는 마약류의 불법적인 제조, 배포 그리고 판매행위 등을 포함하는 마약류 공급행위와 마약류의 불법적 사용행위로 나누어진다.

우선, **마약류 공급행위**란 마약류를 불법적으로 수출입, 제조, 매매, 매매알선 등

---

176) 한번 경고했는데…의사 559명 여전히 마약류 졸피뎀 오남용(연합뉴스 2021.6.17.)

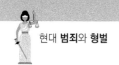
말한다. 마약류 범죄의 발견 또는 불법수익 등의 출처에 관한 수사를 방해하거나 불법수익 등의 몰수를 회피할 목적으로 불법수익 등의 성질, 소재, 출처 또는 귀속 관계를 숨기거나 가장하는 것 역시 처벌된다. 마약류관리에 관한 법률 위반행위로 인한 불법수익은 몰수하고, 몰수하여야 할 재산을 몰수할 수 없거나 몰수하지 아니하는 경우에는 그 가액을 범인으로부터 추징한다.

다음으로, 마약류의 불법적 사용행위란 마약류를 흡연, 섭취 등을 말하는데, 이 경우에는 5년 이하의 징역 또는 5천만원 이하의 벌금에 처하게 된다. 한편, 보건복지부장관 또는 시·도지사는 마약류 사용자에 대하여 치료보호기관에서 마약류 중독여부의 판별검사를 받게 하거나 마약류 중독자로 판명된 사람에 대하여 치료보호를 받게 할 수 있다. 이 경우 판별검사 기간은 1개월 이내로 하고, 치료보호 기간은 12개월 이내로 한다.

참고로 마약류의 폐해에 대한 대국민 홍보·계몽 및 교육 사업, 마약류 중독자의 사회복귀를 위한 사회복지 사업, 그 밖에 식품의약품안전처장이 필요하다고 인정하는 불법 마약류 및 약물 오용·남용 퇴치와 관련된 사업을 수행하기 위하여 한국마약퇴치운동본부(http://www.drugfree.or.kr/)가 설립되었다.

3. 경범죄

경범죄 처벌법

우리가 주위에서 흔히 볼 수 있는 쓰레기 무단 투기, 노상방뇨 등은 범죄일까 아닐까. 해서는 안되는 행위들임에는 분명하지만, 이러한 행위를 한 자들을 바로 범죄자라고 하여 징역이나 벌금을 부과해야 한다고 생각하는 사람은 많지 않을 것이다. 그래서 우리나라에서는 범죄 중 비교적 가벼운 범죄를 '경범죄'라고 규정하면서 경범죄를 저지른 행위를 범칙행위라고 하고, 형법이 아닌 경범죄 처벌법에 의하여 처리하고 있다.

경범죄의 유형

경범죄 처벌법에서 정하고 있는 경범죄의 유형으로는 빈집 등에의 침입, 흉기의 은닉휴대, 폭행 등 예비, 시체 현장변경 등, 도움이 필요한 사람 등의 신고불이행, 관명사칭 등, 물품강매·호객행위, 광고물 무단부착 등, 마시는 물 사용방해, 쓰레기 등 투기, 노상방뇨 등, 의식방해, 단체가입 강요, 자연훼손, 타인의 가축·기계 등 무단조작, 물길의 흐름 방해, 구걸행위 등, 불안감조성, 음주소란 등, 위험한 불씨 사용, 물건 던지기 등 위험행위, 인공구조물 등의 관리소홀, 위험한 동물의 관리 소홀, 동물 등에 의한 행패 등, 무단소등, 공중통로 안전관리소홀, 공무원 원조불응, 거짓 인적사항 사용, 미신요법, 야간통행제한 위반, 과다노출, 지문채취 불응, 자릿세 징수 등, 행렬방해, 무단 출입, 총포 등 조작장난, 무임승차 및 무전취식, 장난전화 등, 지속적 괴롭힘, 출판물의 부당게재 등, 거짓 광고, 업무방해, 암표매매, 관공서에서의 주취소란, 거짓신고 등이 있다(동법 제3조).

경범죄 중 대표적인 유형

경범죄 중 가장 많이 적발된 경범죄는 쓰레기 등 투기이다. 여름철에는 주택가나 공원 등지에서 야간에 술을 마시고 떠드는 음주소란이 많이 적발된다.[177] 아파트 등 다른 사람의 집이나 자동차 등에 광고물 등을 붙이거나 거는 행위 등은 광고물 무단

---

177) '편맥'의 계절… "동네마다 음주소란 민원"(서울경제 2017.6.22.) 경범죄처벌법에 의해 범칙금 통고 처분이 내려진 건수는 지난 2012년 8,879건, 2013년 1만163건, 2014년 1만8,870건, 2015년 2만858건, 2016년 2만1,923건으로 해마다 늘고 있는 실정이다.

부착 등에 해당된다.[178] 공원 등의 꽃을 함부로 꺾거나 나무에 연인들의 이름을 새기는 등의 행위는 자연훼손으로 처벌받는다.[179] 요즘 젊은이들 사이에서 유행하고 있는 문신의 경우 불안감조성에 해당할 수 있다.[180] 최근 식당에서 밥을 먹고 식사비를 내지 않을 경우 무전취식에 해당된다.[181] 만우절에 자주 발생하는 장난전화 역시 기본적으로 경범죄로 처리되지만,[182] 사안이 중대한 경우에는 형법상 위계에 의한 공무집행방해죄(제137조)로 처벌될 수도 있다.

경범죄 중 과다노출

경범죄 중 과다노출에 대해서는 "여러 사람의 눈에 뜨이는 곳에서 공공연하게 알몸을 지나치게 내놓거나 가려야 할 곳을 내놓아 다른 사람에게 부끄러운 느낌이나 불쾌감을 준 사람"이라고 규정되어 있었다. 그런데 2015년 아파트 앞 공원에서 일광욕을 하기 위해 상의를 탈의한 A씨가 경찰에 과다노출로 적발된 후 정식재판을 맡은 법원이 "해당 조항 중 '지나치게', '가려야 할 곳', '부끄러운 느낌', '불쾌감'이라는 추상적 표현을 사용해 형벌법규 내용을 모호하게 하거나 불명확하게 규정했다."며 과다노출 규정은 "무엇이 금지된 행위인지 국민이 알기 어렵게 해 죄형법정주의의 명확성의 원칙을 위반하였다."고 헌법재판소에 위헌법률심판을 제청하였다. 2016년 헌법재판소는 과다노출 규정이 명확성의 원칙에 위배된다고 위헌결정을 내렸다(2016헌가3). 이에 2017년 과다노출 규정은 "공개된 장소에서 공공연하게 성기·엉덩이 등 신체의 주요한 부위를 노출하여 다른 사람에게 부끄러운 느낌이나 불쾌감을 준 사람"으로 개정되었다.

경범죄에 대한 조치

경범죄처벌법상 경범죄행위는 범칙행위이고, 범칙행위를 한 자는 범칙자이다(동법 제6조 제1항). 범칙행위가 가볍고 피해자가 없으며 본인이 뉘우치는 경우에는 지구대, 파출소장 또는 경찰서장이 훈계를 한 뒤 방면할 수 있다.[183] 그 외의 경우에

---

178) 불법전단지에 멍드는 거리… 애써 신고해도 '5만원 내면 그만'(국민일보 2018.4.30.)

179) 바위에 'ㅇㅇ야 사랑해'써도 경범죄(문화일보 2016.8.19.)

180) 대중목욕탕 찾은 '용 문신 조폭들' 경범죄로 처벌(연합뉴스 2016.3.2.)

181) '불황의 그늘'… 무전취식 4년새 1만5천건 급증(한국경제, 2017.1.25.)

182) 만우절 장난전화 처벌, 경찰서·소방서 등 장난전화시 '경범죄' 처벌(세계일보 2015.3.31.)

183) "학원가다 장난으로"…'폭발물 협박' 초등학생 훈방(중앙일보 2017.12.9)

경찰서장은 원칙적으로 범칙자로 인정되는 사람에 대하여 그 이유를 명백히 나타낸 서면으로 범칙금을 부과하고 이를 납부할 것을 통고할 수 있다. 범칙금의 통고처분서를 받은 사람은 통고처분서를 받은 날부터 10일 이내에 범칙금을 납부하여야 한다. 납부기간에 범칙금을 납부하지 아니한 사람은 납부기간의 마지막 날의 다음 날부터 20일 이내에 통고받은 범칙금에 그 금액의 100분의 20을 더한 금액을 납부하여야 한다.

경찰서장은 범칙금을 납부하지 않은 자, 범칙행위를 상습적으로 하는 사람,[184] 죄를 지은 동기나 수단 및 결과를 헤아려볼 때 구류처분을 하는 것이 적절하다고 인정되는 사람, 피해자가 있는 행위를 한 사람에 대하여는 지체 없이 즉결심판을 청구하여야 한다. 즉결심판은 판사의 주재 하에 경찰서가 아닌 공개된 법정에서 열리지만, 신속하고 간편한 심리를 위하여 경찰조서만을 증거로 해서 유죄를 선고할 수 있다. 주로 20만원 이하의 벌금, 구류, 과료 등이 선고된다.

● 경범죄 즉결심판 청구현황

연도	2014	2015	2016	2017	2018	2019
즉결심판	25,871	27,210	37,183	23,262	24,348	32,433

〈경찰통계연보, 2019〉

스토킹범죄의 처벌 등에 관한 법률

기존의 법률에서는 스토킹을 할 경우 경범죄처벌법상 지속적 괴롭힘에 해당하여 10만원 이하의 벌금, 구류 또는 과료(科料)의 형으로 처벌될 뿐이었다. 그런데 최근 스토킹으로 인하여 정상적인 일상생활이 어려울 만큼 정신적·신체적 피해를 입는 사례가 증가하고, 범행 초기에 가해자 처벌 및 피해자에 대한 보호조치가 이루어지지 아니하여 스토킹이 폭행, 살인 등 신체 또는 생명을 위협하는 강력범죄로 이어져 사회 문제가 되고 있다. 이에 따라 스토킹이 범죄임을 명확히 규정하고 가해자 처벌 및 그 절차에 관한 특례와 스토킹범죄 피해자에 대한 각종 보호절차를 마련하여 범죄 발생 초기 단계에서부터 피해자를 보호하고, 스토킹이 더욱 심각한 범죄로 이어지는 것을 방지하기 위해서 2021년 4월에 스토킹범죄의 처벌 등에 관한 법률 이 제정되었고, 2021년 10월부터 시행된다.[185]

---

184) '무임승차' 임영규, 택시비 2만 4천원 안내 즉결심판(동아일보 2014.7.10.)

185) '늦어도 너무 늦은'…22년 만에 '살인의 전조' 스토킹 처벌길 열렸다(한겨레 2021.3.25.)

스토킹행위란 상대방의 의사에 반(反)하여 정당한 이유 없이 상대방 또는 그의 동거인, 가족에 대하여 ① 접근하거나 따라다니거나 진로를 막아서는 행위, ② 주거, 직장, 학교, 그 밖에 일상적으로 생활하는 장소(이하 "주거등"이라 한다) 또는 그 부근에서 기다리거나 지켜보는 행위, ③ 우편·전화·팩스 또는 정보통신망을 이용하여 물건이나 글·말·부호·음향·그림·영상·화상(이하 "물건등"이라 한다)을 도달하게 하는 행위,[186] ④ 직접 또는 제3자를 통하여 물건 등을 도달하게 하거나 주거 등 또는 그 부근에 물건 등을 두는 행위, ⑤ 주거 등 또는 그 부근에 놓여져 있는 물건 등을 훼손하는 행위를 하여 상대방에게 불안감 또는 공포심을 일으키는 것을 말한다(제2조 제1호).

스토킹범죄는 지속적 또는 반복적으로 스토킹행위를 하는 것으로(제2조 제2호), 스토킹범죄를 저지른 사람을 3년 이하의 징역 또는 3천만원 이하의 벌금에 처할 수 있고, 흉기 또는 그 밖의 위험한 물건을 휴대하거나 이용하여 스토킹범죄를 저지른 사람을 5년 이하의 징역 또는 5천만원 이하의 벌금에 처할 수 있다(제18조).[187]

스토킹행위가 스토킹범죄로 진행되는 것을 막기 위해서 사법경찰관리는 진행 중인 스토킹행위에 대하여 신고를 받은 즉시 현장에 나가 스토킹행위를 제지하고, 향후 스토킹행위의 중단을 통보하며, 잠정조치 요청 절차 등을 피해자에게 안내하는 등의 조치를 해야 한다(제3조). 사법경찰관은 스토킹범죄가 발생할 우려가 있고 그 예방을 위하여 긴급을 요하는 경우 직권으로 또는 스토킹행위의 상대방이나 그 법정대리인 등의 요청에 따라 스토킹행위의 상대방이나 그 주거 등으로부터 100미터 이내의 접근 금지나 스토킹행위의 상대방에 대한 전기통신을 이용한 접근 금지 조치를 할 수 있다(제4조).

한편, 검사는 스토킹범죄가 재발될 우려가 있다고 인정하는 경우 직권으로 또는 사법경찰관의 신청에 의하여 법원에 ① 피해자에 대한 스토킹범죄 중단에 관한 서면 경고, ② 피해자나 그 주거등으로부터 100미터 이내의 접근 금지, ③ 피해자에 대한 전기통신을 이용한 접근 금지, ④ 국가경찰관서의 유치장 또는 구치소에의 유치 등의 잠정조치를 청구할 수 있고, 법원은 스토킹범죄의 원활한 조사·심리 또는 피해자 보호를 위하여 필요하다고 인정하는 경우에 잠정조치 결정을 할 수 있다(제8조 및 제9조).

---

186) "자기 보고싶어" SNS 스토킹을 아시나요(아시아경제 2018.4.26.)
187) 스토킹범죄, 최대 징역 5년-벌금 5000만원(동아일보 2021.3.25.)

현대 범죄와 형벌

제10장

국가기능에 관한 범죄

1. 공무집행방해죄

국가의 일반기능의 보호

우리는 일상생활 속에서 공무원을 자주 만나게 된다. 주민센터, 구청이나 시청, 지구대, 소방서, 보건소, 법원 등에서 일하는 사람들은 대부분의 공무원이다. 국공립 초, 중고등학교의 선생님들과 국립대학의 교수님들도 역시 공무원이다. 이 공무원이 업무를 수행하는 것은 국가의 기능을 수행하고 있는 것이다. 따라서 공무원이 적법하게 일하는 것을 방해하는 것은 국가의 기능을 방해하는 것으로 공무방해의 죄가 된다.

공무집행방해죄

형법상 공무집행방해죄로는 공무집행방해죄, 위계에 의한 공무집행방해죄, 특수공무집행방해죄, 특수공무집행방해치사상죄 등이 있다.

첫째, 공무집행방해죄는 직무를 집행하는 공무원에 대하여 **폭행** 또는 협박하는 것이다(제136조). 술에 취해 공무원을 위협하거나, 음주측정을 요구하는 경찰을 밀치고 욕설을 하는 등의 행위가 대표적이다.[188] 다만, 공무원의 직무집행은 적법한 것이어야 한다. 주로 적법성이 문제되는 경우는 경찰의 체포, 구속인데, 만약 경찰이 적법하지 않은 체포 또는 구속을 할 때에 그 체포되는 자가 반항하면서 경찰을 위협할 경우 공무집행방해죄가 성립하지 않는다.[189] 오히려 그 과정에서 부상을 입은 자는 국가를 상대로 국가배상을 청구할 수 있다.[190]

둘째, 위계에 의한 공무집행방해죄는 위계로써 공무원의 직무집행을 방해하는 것이다(제137조). 위계란 거짓으로 어떤 일을 꾸미는 것을 말한다. 따라서 국가기관에 허위신고를 할 경우 위계에 의한 공무집행방해죄가 성립된다.[191] 최근 경찰, 검찰의 수사를 방해한 행위에 대해서도 위계에 의한 공무집행방해죄를 인정한 사례가 있다.[192]

---

188) 法 "음주측정 거부·경찰 협박은 공무집행방해"(tbs 교통방송 2017.9.6.)

189) "적법하지 않는 직무집행 대항한 강정마을 주민 공무집행방해 아니야"(경향신문 2015.10.29.)

190) "광우병 집회 때 불법 체포·구금자에 국가배상" 판결(한겨레 2017.6.2.)

191) 경찰서에 허위신고…위계에 의한 공무집행방해죄(법률저널 2016.11.1.)

192) '댓글 수사·재판 방해' 남재준 전 국정원장 1심 징역 3년6개월(조선일보 2018.5.23.)

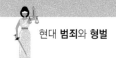

셋째, 특수공무집행방해죄는 단체 또는 다중의 위력을 보이거나 위험한 물건을 휴대하여 직무를 집행하는 공무원에 대하여 폭행 또는 협박하는 것이다(제144조 제1항). 주로 술에 취한 상태에서 차량이나 흉기로 공무를 집행하는 공무원을 폭행하는 경우에 성립된다.

넷째, 특수공무집행방해죄를 범하여 공무원을 상해에 이르게 한 때에는 특수공무집행방해치상죄, 공무원을 사망에 이르게 한 때에는 특수공무집행방해치사죄가 된다(제144조 제2항). 사실 특수공무집행방해의 경우 공무원의 상해나 사망으로 이어지는 경우가 빈번하다. 교통단속을 하는 공무원의 경우 오토바이나 자동차에 치여 다치는 경우도 많고,[193] 심지어 사망하는 경우도 있다.[194]

193) 법원, 오토바이 '위험한 물건'…경찰 다치면 특수공무집행방해치상(로이슈 2015.11.21.)
194) 음주단속 경찰관 사망케 한 30대男 징역 7년(tbs 교통방송 2017.2.4.)

2. 무고죄와 위증죄

국가의 사법기능의 보호

만약 누군가 범죄를 저지른 사실이 없는 '나'를 경찰에 고소하여, 경찰로부터 출석요구를 받는다면 어떨까. 경찰조사로 끝나는 것이 아니라 검찰청에도 출석하고, 검사가 기소하여 법정에서 피고인으로 불리며 무죄를 입증해야 할 때는 어떨까. 법률적 지식이 없는 상태에서 혹여 처벌을 받게 되는 것은 아닐지 두렵기도 할 것이다. 학생이든 직장이든 조사나 재판을 받으러 나가는 시간을 내는 것도 쉽지 않다. 그런데 이 모든 것이 '나'를 형사처벌 또는 징계처분을 받게 할 목적으로 한 허위신고에서 비롯되었다면 참으로 억울할 것이다. 특히 유명인사나 연예인 등의 경우 신고가 허위라는 사실이 밝혀지더라도, 신고된 사실 자체만으로 그동안 쌓아온 평판이나 신뢰가 무너져 그 피해가 매우 크다.

허위신고의 경우 '나'만 억울한 것이 아니라 이 과정에 참여한 국가기관들 역시 신고자의 거짓말에 시간과 노력을 쓴 것이 된다. 즉, 사법질서를 교란시키는 범죄 행위이다.

무고죄

무고죄는 타인으로 하여금 형사처분 또는 징계처분을 받게 할 목적으로 공무소 또는 공무원에 대하여 허위의 사실을 신고하는 것이다(형법 제156조). 다만, 무고죄를 범한 자가 그 공술한 사건의 재판 또는 징계처분이 확정되기 전에 자백 또는 자수한 때에는 그 형을 감경 또는 면제한다(제157조). 자백이란 자기가 저지른 죄를 남들 앞에서 스스로 고백하는 것을 말하고, 자수란 범인이 스스로 수사 기관에 자기의 범죄 사실을 신고하고, 그 처분을 구하는 것이다.

우리나라에서는 무고사범은 계속해서 늘고 있는 것으로 조사된다. 무고유형으로는 개인적인 감정이나 보복을 목적으로 한 보복형, 경제적 이익을 얻으려는 이익추구형, 책임을 남에게 떠넘기는 적반하장형, 민형사 책임을 피하려는 오리발형 등으로 분류된다. 이에 따라 실제로 우리 법원은 죄 없는 사람을 마약범으로 허위신고한 사람에게 징역 5년을, 한 연애인을 절도범으로 허위신고한 사람에게 징역 1년을

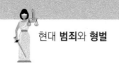

선고하는 등 무고죄가 인정될 경우 엄하게 처벌한다.[195]

성범죄의 경우 성폭력 피해자들이 가해자라고 생각되는 자를 강간죄 등으로 고소하면, 그 가해자로 지목된 자들은 자신들의 무죄를 주장하면서 동시에 피해자들이 허위로 고소한 것이라고 주장하면서 성폭력 피해자들을 무고죄로 맞고소하는 사태가 빚어지기도 한다. 이 경우에도 성폭력 가해자들의 무고가 인정되면, 법원은 징역형을 선고하는 등 엄중하게 처벌한다.[196]

위증죄

위증죄는 법률에 의하여 선서한 증인이 허위의 진술하는 것이다(제152조 제1항). 법정드라마나 영화를 보면 형사재판에서 증인은 증언에 앞서 "본인은 양심에 따라 숨김과 보탬이 없이 사실 그대로 말하고 만일 거짓말이 있으면 위증의 벌을 받기로 맹세합니다."라는 증인선서를 하는 것을 볼 수 있다. 사실 증인의 증언은 형사재판을 받는 피고인의 유,무죄를 판단하는데 중요한 증거가 된다. 증인이 위증할 경우 법원의 잘못된 판단을 유도하고 진실을 왜곡시켜 국민들의 사법 불신이 초래할 수 있다. 특히 위증으로 인해 죄를 지은 사람이 처벌을 면하거나 피해자들에게 평생 씻을 수 없는 상처를 입힐 수 있다. 대검찰청에 따르면, 2015년 위증 또는 모해위증 혐의(교사·방조 포함)의 피의자로 신규 입건된 인원은 5,540명이었던 데 반해, 2019년에는 4,236명까지 감소했다.[197] 그럼에도 위증사법의 수는 적지 않다. 위증사범들의 동기를 보면, 위해관계에 따른 위증, 인정에 얽매인 위증, 피해 진술 후 심경 변화에 기한 위증, 상대방을 처벌받게 하기 위한 위증 등이 있다. 이는 개인적인 인정과 의리를 중시하는 그릇된 풍조와 거짓말에 다소 관대한 사회적인 분위기가 형성되어 있기 때문인 것으로 보인다. 다만, 위증이나 모해위증을 범한 자가 그 공술한 사건의 재판 또는 징계처분이 확정되기 전에 자백 또는 자수한 때에는 그 형을 감경 또는 면제한다(제153조).

---

195) 증가하는 '무고' 범죄, 어떤 처벌 받게 되나…엄벌 추세(머니투데이 2016.7.30.)

196) 추행 피해 여고생 무고로 몬 검찰 직원 항소심도 유죄(매일경제 2018.2.18.); 여아 성희롱하고서 '허위 신고당했다' 무고한 60대 실형(연합뉴스 2017.12.16.)

197) 피노키오도 놀랐다, 위증 판치는 대한민국(한국일보 2020.6.13.)

증거인멸죄

증거인멸죄는 타인의 형사사건 또는 징계사건에 관한 증거를 인멸, 은닉, 위조 또는 변조하거나 위조 또는 변조한 증거를 사용하는 것이다(제155조 제1항). 다만, 친족 또는 동거의 가족이 본인을 위하여 본조의 죄를 범한 때에는 처벌하지 아니한다(형법 제155조).[198]

---

198) 친족이라는 이유로…범인 숨겨줘도 증거 없애도 무죄(헤럴드경제 2016.7.13.)

문서의 작성명의에 대한 공중의 신뢰

오늘날 국가, 지방자치단체와 같은 공법인과 사기업 뿐만 아니라 개인들 간에도 참으로 다양한 문서들을 사용한다. 모든 일 처리는 문서에서 시작해서 문서로 끝난다고 해도 과언이 아닐 것이다. 그리고 문서를 취급하는 사람들은 문서가 진정한 것이고, 진정한 권리자에 의해서 올바르게 사용되고 있다고 믿는다. 문서의 신뢰성은 사회적 모습이 발전하면 할수록 한층 더 중요하게 다루어진다. 만약 누군가 문서를 위조한다면, 그 서류를 바탕으로 이루어진 모든 법률관계에도 문제가 발생하게 된다. 따라서 문서의 진정성이란 법률관계의 당사자 사이의 문제로 국한되는 것이 아니라 사회 전체의 신뢰도에 영향을 미친다. 따라서 문서의 진정성 및 문서의 공정한 사용 등은 매우 중요하다.

우리 형법은 공문서 등 위조 · 변조죄, 허위공문서작성죄, 공전자기록위작 · 변작죄, 공정증서원본 등 부실기재죄, 위조 등 공문서 행사죄, 공문서 등 부정행사죄, 허위진단서 등의 작성죄 등과 같은 다양한 문서관련 범죄를 규정하고 있다.

공문서위조죄와 공문서변조죄

공문서 등 위조 · 변조죄는 행사할 목적으로 공무원 또는 공무소의 문서 또는 도화를 위조 또는 변조한 것이다(형법 제225조).

첫째, 진정한 문서처럼 사용하여 상대방으로 하여금 문서의 진정에 대해 착오나 오인을 일으키게 할 목적이 있어야 한다. 만약 A 국립대학에서 강의하는 교수 B가 강의시간에 학생들에게 예시로 보여주기 위해서 A 국립대학의 총장 명의의 서류를 만들었다면, 그 문서를 행사할 목적이 없으므로 범죄가 성립되지 않는다.

둘째, 공무원 또는 공무소의 문서 또는 도화, 즉 공문서의 위조 또는 변조이어야 한다. 여기서 문서 또는 도화(이하 '문서 등'이라 함)는 문자나 이에 준하는 가독적 부호 또는 상형적 부호로써 어느 정도 계속적으로 물체 위에 고착된 어떤 사람의 의사 또는 관념의 표현으로서, 그 내용이 법률상 또는 사회생활상 의미 있는 사항에 관한 증거가 될 수 있는 것을 말한다.

이러한 문서 중 공무원 또는 공무소의 문서 등을 공문서라고 하는데, 공문서란 공무원 또는 공무소의 명의로 그들의 권한 내에서 소정의 형식에 따라 직무상 작성하는 문서를 말한다. 주민센터에서 발급받는 주민등록등본, 국립대학교에서 발급하는 졸업증명서, 보건복지부장관이 발급하는 의사면허증, 판사 명의의 판결문[199] 등이 그 예이다.

셋째, 공문서의 위조 또는 변조가 있어야 한다. 문서의 위조란 문서를 정당하게 작성할 권한이 없는 자가 다른 사람의 명의를 도용하여 문서를 작성하는 것을 말한다. 만약 A 국립대학에 재학 중인 학생 C가 취직을 위해서 제출할 목적으로 A 국립대학 총장 명의의 졸업증명서를 만들었다면, 공문서 위조죄가 성립된다.

한편, 문서의 변조란 문서를 수정할 권한이 없는 자가 그 내용의 동일성을 해치지 않는 범위 내에서 변경을 가하는 것을 말한다. A 국립대학에 재학 중인 학생 C가 장학재단에 제출할 목적으로 A 국립대학 총장 명의의 성적증명서를 발급받은 후 자신이 받은 성적을 수정하였다면, 공문서 변조죄가 성립된다. 또한 학교의 수학여행이 4-5월에 집중되는데, 학교 측이 버스의 차령이 5년을 넘지 않아야 한다는 조건을 요구하자 버스기사들이 자동차등록증에 표기된 수학여행버스의 연식을 수정하여 제출하였는데, 이 버스기사들은 공문서 변조죄로 처벌되었다.[200]

허위공문서 작성죄 등

허위공문서작성죄는 공무원이 행사할 목적으로 그 직무에 관하여 문서 또는 도화를 허위로 작성하거나 변개하는 것이다(형법 제227조). 이 범죄의 주체는 공무원이다. 국세청의 공무원이 국세환급금 업무와 관련한 문서를 허위로 작성하여 국세환급금을 빼돌린 사건,[201] 방위사업청 공무원이 육,해,공군 지휘통제 및 통신에 관한 전술정보통신체계를 개발하는 과정에서 관련 문서를 허위로 작성한 사건[202] 등에서 허위공문서작성죄가 인정되었다.

요즘은 거의 모든 사무를 컴퓨터 등을 이용하여 처리하는데, 사무처리를 그르치게 할 목적으로 컴퓨터에 허위의 내용을 입력하는 것도 범죄가 된다. 바로 공전자기록위작·변작죄이다. 공전자기록위작·변작죄는 사무처리를 그르치게 할 목적으로 공무원 또는 공무소의 전자기록 등 특수매체기록을 위작 또는 변작하는 것이다(형법 제227조의2). 위작 또는 변작은 권한없이 공기록을 생성하거나 변경, 말소하는

---

199) 울산지법, 56억 배상금을 받을 것처럼 법원 판결문 등 위조거액 챙긴 60대 징역 4년(로이슈 2021.7.8.)

200) 학생들 탈 수학여행 보스 연식까지 속인 악덕 버스업자들(경향신문 2013.6.30.)

201) 세금 빼돌려 탕진 경제사범에 중형(서울경제 2011.11.27.)

202) 법원, 공문서 허위 작성 전 방위사업청 간부 징역형(아시아투데이 2016.9.7)

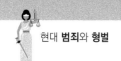

경우 뿐만 아니라 권한있는 사람이 거짓 기록을 생성하거나 변경, 말소하는 경우도 포함된다. 지방세를 담당하는 구청의 세무 공무원이 납세자들에게 금품을 받고, 세무공무원 아이디로 세무종합시스템에 접속하여 세금을 감액 처리한 사건,[203] 경찰서 경리계에 근무하던 직원이 전자인사관리시스템에 문서를 허위로 작성하는 수법으로 공금을 횡령한 사건[204] 등에서 공전자기록위작죄가 인정되었다.

한편, 공무원에 대하여 허위신고를 하여 공정증서원본 또는 이와 동일한 전자기록등 특수매체기록에 부실의 사실을 기재 또는 기록하게 하는 것도 범죄가 되는데, 바로 공정증서원본 등 부실기재죄이다(형법 제228조). 예를 들어 주민센터직원에서 허위로 출생신고, 사망신고, 혼인신고 등을 하는 경우 공정증서원본 등 부실기재죄가 성립한다.[205]

공문서 관련 행사죄

공문서 등을 위조한 것에 그치지 않고 위조된 공문서를 진정한 문서처럼 학교, 국가기관, 회사 등에 제출할 경우에는 우리 사회는 큰 혼돈에 빠질 것이다. 이에 문서관련 범죄로 만들어진 문서, 도화, 전자기록등 특수매체기록, 공정증서원본, 면허증, 허가증, 등록증 또는 여권 등을 진정한 것으로 행사하면 공문서 등 행사죄로 처벌한다(형법 제229조). 만약 어떤 사람이 공문서를 위조하여, 이를 제출한 경우에는 공문서위조죄(형법 제225조)와 위조공문서 행사죄(형법 제229조)가 각각 성립되는 것이다. 그렇지만 다른 사람이 위조해 놓은 공문서를 구입하여 제출한 경우에는, 문서를 위조한 사람은 공문서위조죄, 위조된 서류를 제출한 사람은 위조공문서 행사죄를 범한 것이 된다. 자신이 입학하고자 하는 대학의 합격선 정보를 부풀리기 위해 인터넷에서 구입한 가짜 수능성적표를 인터넷에 올린 사람을 경찰은 위조공문서 행사죄로 입건한 사례가 있다.[206]

한편, 진정한 공문서이더라도 부정하게 행사하면 공문서 등 부정행사죄가 성립된다(형법 제230조). 유사 성행위를 한 10대 여성이 경찰에 적발되자 길에서 주운 다른 사람의 주민등록증을 보여주고, 경찰진술서에 주민등록증에 적힌 사람의 주민번호와 주소 등을 적고, 마지막 서명란에도 그 사람의 이름을 쓴 사례에서, 이 여성에게

---

203) 돈받고 세금 할인… 구청 공무원 덜미(YTN 2007.4.13.)

204) 800만원 횡령한 경찰서 경리직원 집행유예 2년(세계일보 2013.12.2.)

205) 허위 출생신고로 지원금 받은 승무원, 6개월 만에 검거(서울신문 2017.8.29.)

206) 가짜 수능성적표 유포한 24세 수험생 입건(시사포커스 2015.3.8.)

적용된 혐의는 공문서부정행사죄이다.

사문서 관련 범죄

공무원 또는 공무소 이외의 자가 작성하는 모든 문서는 사문서(私文書)이다. 사문서 역시 권한 없는 자가 작성하면 위조죄, 변경하면 변조죄, 행사하면 행사죄가 성립된다.

사문서 중에서도 의사, 한의사, 치과의사 또는 조산사가 진단서, 검안서 또는 생사에 관한 증명서는 법률관계에서 매우 중요한 의미를 가지기 때문에, 의사 등이 진단서 등을 허위로 작성할 경우에는 허위진단서 등 작성죄가 별도로 규정되어 있다(형법 제233조).[207]

---

207) 허위장애진단서 남발 병원장에 2년 6개월형(국민일보 2018.1.22.); 대구지법, 허위진단서작성 요양급여 편취 의사 항소심 실형(로이슈 2015.8.11.)

제3부_

형사재판 및 피해자 보호

제11장
형사재판

1. 형사재판

2. 국민참여재판

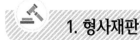

1. 형사재판

형사재판의 기본원칙

검사가 공소를 제기하면, 법원은 사건을 심리하고 판결하는 형사재판을 하여야 한다. 형사재판과 관련해서는 일정한 원칙이 존재하는데, 공개주의, 구두변론주의, 집중심리주의, 공판중심주의 등이 그것이다.

첫째, 공개주의란 범죄사건에 대한 심리와 판결이 일반인에게 공개되어야 한다는 원칙이다. 아무런 이해관계가 없는 사람도 법원에 가서 형사재판을 방청할 수 있는 것은 바로 공개주의 덕분이다. 공개주의는 법원의 재판절차를 국민이 감시함으로써 재판의 공정성을 보장하고 재판에 대한 국민의 신뢰를 확보할 수 있다는 데에 근거를 두고 있다. 만약 형사재판을 방청하려는 사람이 재판정의 방청석 수보다 많을 경우, 법원은 추첨을 통해서 방청할 사람을 결정하고 있다.[1]

둘째, 구두변론주의란 형사재판에서 검사와 피고인은 각자의 주장 그리고 그에 대한 입증을 서류가 아닌 말로 하여야 한다는 원칙이다. 그래서 형사재판을 다루는 드라마나 영화에서 검사나 변호사가 증인이나 피고인을 신문하는 장면을 자주 볼 수 있는데, 이것이 구두변론을 하는 모습이다.

셋째, 집중심리주의란 사건이 복잡해서 심리를 하는데 2일 이상이 걸리는 경우 연일 계속해서 심리해야 한다는 원칙이다. 이 원칙은 소송을 촉진시키고 신속한 재판을 실현하는 데에 그 취지가 있다. 사건의 사실관계가 복잡해서 장기간 법정 공방이 불가피한 경우에는 1주일에 여러 차례 재판이 열리는 집중심리로 진행되더라도 공판준비기일부터 선고까지 오랜 기간이 소요되기도 한다.

넷째, 공판중심주의란 법원은 형사재판을 통해 직접 조사한 증거에 기초하여 피고인이 유죄인지 무죄인지 여부를 판단해야 한다는 원칙이다. 과거에는 검찰이 제출한 수사기록에 의존하여 유무죄를 판단하였었다. 그런데 공판중심주의가 채택된 이후에는 '재판의 중심은 법정'이고, 형사재판 과정에서 직접 다루어지지 않은 문서 등을 토대로 해서는 피고인의 유무죄를 판단할 수 없게 되었다.

---

1) 3.3대 1, 박근혜 재판 방청 신청 경쟁률(연합뉴스 2018.3.28.)

형사재판의 용어

공개주의 원칙에 따라 형사재판은 원칙적으로 공개된 법정에서 이루어져야 한다. 이 때 공개된 법정을 공판정(公判廷)이라고 부른다. 또한 형사재판은 심리와 판결을 하기로 법원이 정한 날에 행해진다. 이 날을 공판기일(公判期日)이라고 한다. 그리고 공판정에서 공판기일에 행해지는 형사재판을 공판(公判)이라고 한다. 공판절차는 미리 정해진 일정한 순서에 따라 진행된다.

공판절차

공판절차는 미리 정해진 일정한 순서에 따라 모두절차 → 사실심리절차 → 판결선고로 진행된다.

모두절차

공판절차는 피고인에 대한 진술거부권 고지 및 인정신문으로 시작된다. 재판장은 피고인이 말을 하지 않거나 개개의 질문에 대하여 대답을 하지 않을 수 있다는 것을 알려주어야 한다. 이를 진술거부권 고지라고 한다. 또한 재판장은 피고인의 인적사항을 물어 공판정에 출석한 사람이 공소장에 적혀있는 피고인이 틀림없다는 것을 확인하여야 한다. 이처럼 피고인임을 확인하고 확정하기 위하여 물어보는 것을 인정신문(認定訊問)이라고 한다. 재판장은 인정신문시 보통은 피고인의 성명, 생년월일, 직업, 본적, 주거 등을 물어서 확인한다.

다음으로 검사의 모두진술과 피고인의 모두진술이 이루어진다. 즉 법원에 의한 피고인 인정신문이 끝나면 검사는 공소장에 적혀 있는 공소사실, 죄명 및 적용되는 법률조문을 낭독하여야 하는데, 이를 검사의 모두진술이라고 한다. 이어서 피고인은 진술거부권을 행사하지 않는 한 공소사실을 인정하는지 여부, 즉 범죄를 저지른 것을 인정하는지 부정하는지에 대하여 진술하여야 한다. 이를 피고인의 모두진술이라고 한다.

사실심리절차

이제 증거조사 단계로 넘어간다. 검사와 피고인의 모두진술까지 마치면 이제 법원은 본격적으로 범죄사실에 대한 심리에 돌입하게 된다. 범죄사실을 심리함에 있어서 가장 중요한 것은 검사와 피고인이 각자 자신들의 주장을 뒷받침하기 위해 제시하는 각종 증거들을 조사하는 **증거조사**이다. 증거조사를 통해 법원은 무엇을 사실로 인정할 것인지 그리고 인정한 사실을 기초로 하여 피고인에게 어떠한 형벌을 얼마나 부과할 것인지를 판단할 수 있게 된다. 종종 검찰에 의해서 기소되었지만 법원에서 무죄가 선고될 때 많은 국민들은 의구심을 갖는다. 이는 법원이 "사실의 인정은 증거에 의해야 한다."는 형사소송법 제307조 증거재판주의에 따라 의심할 만한 정황이 있더라도 범죄를 입증할 만한 증거가 충분하지 않다면 무죄를 선고하기 때문이다.[2]

증거는 물건 증거(물증), 사람 증거(인증 또는 증인), 서류 증거(서증) 등으로 나누어 볼 수 있다. 대표적인 물증으로는 살인을 저지르는데 사용한 칼, 마약범죄자의 마약, 강간시 피해자가 입었던 옷 등이 있고, 최근에는 CCTV, 녹취파일 등도 물증으로 사용된다.[3] 증인은 피해자를 가격하는 것을 지켜본 목격자 뿐만 아니라 피해자 자신도 재판에서는 증인이 된다.[4] 서증으로는 사기범이 피해자를 속여 작성한 계약서와 같은 서류, 카드 사용내역서, 각종 보고서, 휴대전화에 저장된 연락처 목록, 문자 메시지, SNS 메시지 등이 있다.

재미있는 것은 조사의 방법이 되는 증거가 물건인지, 사람인지, 서류인지에 따라서 달라진다는 것이다. 물건에 대해서는 이를 증거로 신청한 검사 또는 피고인이 '제시'하여야 한다. 서류에 대해서는 이를 증거로 신청한 검사 또는 피고인이 '낭독'하여야 한다. 사람, 즉 증인에 대해서는 '신문'을 하는데, 그 순서는 증인을 신청한 검사 또는 피고인이 먼저 신문한 다음 그 반대의 순서로 신문한다.

증거조사가 끝나면 피고인에 대한 신문으로 들어간다. 피고인 신문이란 공소사실 및 사건과 관련된 사정에 대하여 피고인에게 질문을 하는 것이다. 피고인 신문은 검사와 변호인이 순차적으로, 즉 검사 → 변호인 → 검사 → 변호인의 순서로 한다.

증거조사와 피고인신문을 마치면 법원이 유·무죄 판결을 내리기 전에 마지막으로 검사와 피고인이 사건에 대한 최종적인 의견을 진술하도록 한다. 이것을 최후진술이라고 하는데, 이 때 검사는 사건 전반에 대한 의견을 밝히고 특히 적정한 형의 선고를 요구한다. 이를 구형이라고 한다. 국민들의 주목을 받은 중요한 사건의 경우 검찰의 구형 자체가 언론에 보도되곤 한다. 그렇지만 검사의 구형은 검사의 의견이

---

2) 치매 노모 숨지게 한 혐의 60대, 대법 '증거불충분'으로 무죄(세계일보 2018.2.22.); 뇌물 혐의 부산시 고위 공무원 1심 무죄…증거 불충분(연합뉴스 2017.11.3.)

3) 원생 학대치사 어린이집 원장 CCTV 영상 법정서 확인키로(연합뉴스 2021.7.15.)

4) 법원, 안희정 재판 공개하기로…피해자 증인신문 등은 비공개(연합뉴스 2018.6.22.); 이윤택, 6월 20일 첫 재판… 피해자 8명 증언 나선다(헤럴드경제 2018.5.25.); '박사방' 조주빈 첫 정식 재판… "피해자들도 증인 출석"(국민일보 2020.6.11.)

고 법원의 결정이 내려진 것은 아니라는 사실에 주의할 필요가 있다.[5]

피고인은 검사의 의견에 대한 반박과 함께 사건에 대한 자신의 의견을 진술한다.

판결선고

사건에 대한 심리를 마친 법원은 유·무죄에 대한 판결을 선고한다. 심리 결과 공소사실이 증명된 경우에는 유죄를 선고하고, 범죄가 성립되지 않거나 증명되지 않은 경우에는 무죄를 선고한다. 만약 피고인이 유죄일 수도 있다는 의심은 들지만 확신할 수 없다면 법원은 유죄가 아닌 무죄를 선고하여야 한다. 본래 형사재판은 '피고인은 무죄이다'라는 전제에서 출발하기 때문에 유죄가 의심스러운 때에는 피고인의 이익이 되는 방향으로 판결하여야 하기 때문이다. 이를 피고인의 무죄추정의 원칙이라고 한다.[6]

법원의 판결에 불만이 있는 경우

피고인에 대한 유·무죄 판결은 바로 앞에서 살펴본 것처럼 복잡한 과정을 거쳐 법원이 심사숙고해서 내린 결론이지만, 모든 사람을 다 만족시킬 수는 없다. 법원이 유죄를 선고한 경우 피고인은 자신이 무죄라고 생각하며 억울하다는 생각을 할 수 있고, 자신의 범죄를 인정하지만 그에 대해 부과된 형벌의 양이 너무 과하다는 등의 불만을 가질 수 있다. 검사 역시 마찬가지이다. 법원의 무죄판결에 대하여 부당하다고 생각할 수 있다.

이처럼 법원의 판결을 받아들일 수 없는 검사와 피고인을 위해 마련되어 있는 제도가 바로 항소와 상고라는 것이다. 하나의 범죄사건에 대해서는 보통 최대 3번까지 형사재판을 할 수가 있는데 이를 3심제라고 하며, 첫 번째 재판을 1심, 두 번째 재판을 2심, 세 번째 재판을 3심이라고 한다. 이 때 1심 판결에 대하여 불복하는 것이 항소, 2심 판결에 대하여 불복하는 것이 상고이다. 항소와 상고를 합쳐 부를 때에는 상소라고 한다.

보통 사람들은 1심 재판은 지방법원, 2심 재판은 고등법원, 3심 재판은 대법원에서 진행하는 것으로 생각한다. 그렇지만 2심 재판을 맡는 항소심 재판부는 1심 재판을 누가 진행하느냐에 따라 달라진다. 1심 재판을 지방법원 단독판사가 맡

---

5) 검찰, 박근혜 '징역 30년'에 벌금 1185억 구형(한겨레 2018.2.27.); 법원 "징역 24년, 벌금 180억원" 선고(경향신문 2018.4.6.)
6) 법원 "고유정 의붓아들 살해 강한 의심"에도 무죄 판결 낸 이유(중앙일보 2020.11.5.)

을 경우, 항소심 재판부는 지방법원 합의부가 맡는다. 그렇지만 1심 재판을 지방법원 합의부가 맡을 경우, 항소심 재판부는 고등법원이 된다. 2016년 기준 항소율은 43.0%, 상고율은 33.8%였다. 지방법원 항소부에서 1심 파기율은 33.8%, 고등법원에서 41.7%였다. 대법원의 항소심 파기율은 5.1%에 불과했다.[7]

사건에 대해서 판결이 확정되었더라도 그 판결에 대하여 사실인정에 중대한 오류가 있는 경우에 당사자 및 기타 청구권자의 청구에 의하여 그 판결의 당부(當否)를 다시 심리하는 비상수단적인 구제방법을 재심이라고 한다. 재심청구의 사유는 원판결의 증거가 된 서류나 증거물이 확정판결에 의하여 위조 또는 변조된 것으로 증명된 때, 원판결의 증거가 된 증서·감정·통역 또는 번역이 확정판결에 의하여 허위로 증명된 때 등 7가지로 제한된다.[8]

---

7) 하루 1만 8천 건 소송하는 한국…지난해 674만 건 18년 만에 최다(연합뉴스 2017.9.18.)

8) '56년 만의 미투' 최말자씨 재심청구 기각…"예상 못했다, 즉시 항고"(한겨레 2021.2.18.)

2. 국민참여재판

국민참여재판제도의 의의

우리나라의 재판은 헌법상 신분과 독립이 보장되는 직업법관에 의하여 소송이 심리, 종결되었다. 따라서 재판 과정에서의 사실인정과 양형을 모두 법관이 결정한다. 그래서 형벌권의 행사는 국가가 국민을 대상으로 하는 일방적인 권력작용으로 인식되었다. 최근 국민들의 의식수준이 높아지면서, 민주주의 국가이면서 국민주권주의 국가인 우리나라의 국민들은 입법부의 국회와 행정부의 대통령 뿐만 아니라 사법부인 법원의 재판에도 참여하고자 하는 사법참여에 관한 열망이 높아지고 있다.[9] 사실 국민들이 재판에 참여할 경우 국민들의 건전한 상식과 보편적인 정서가 재판에 반영되어 보다 타당한 결론에 도달할 수 있다. 이에 최근에는 세계적으로 배심제 또는 참심제 등 다양한 형태로 국민이 재판절차에 참여하는 것이 추세이다. 이러한 상황을 바탕으로 2008년 국민의 형사재판 참여에 관한 법률에 따라 국민참여재판제도가 도입이 되었다. 이 제도는 국민이 배심원으로 형사재판에 참여하는 새로운 선진적인 형사재판제도이다. 배심원이 된 국민은 법정 공방을 지켜본 후 피고인의 유·무죄에 관한 평결을 내리고 적정한 형을 토의하면, 재판부가 이를 참고하여 판결을 선고하게 된다.

우리나라의 국민참여재판제도는 배심제[10]와 참심제[11]를 적절하게 혼합, 수정하여 다음과 같은 특징을 갖는 독특한 제도이다. 첫째, 배심원은 원칙적으로 법관의 관여 없이 평의를 진행한 후 만장일치로 평결에 이르러야 하는데, 만약 만장일치 평결에 이르지 못한 경우 법관의 의견을 들은 후 다수결로 평결할 수 있다. 둘째, 배심원은 심리에 관여한 판사와 함께 양형에 관하여 토의하면서도 표결을 통하여 양형 결정에 참여하는 것이 아니라 양형에 관한 의견을 밝힐 수 있을 뿐이다. 셋째, 배심원의 평결은 법원을 기속하지 않고 권고적 효력을 가진다.[12]

---

9) '국민 눈높이' 맞춰 재판… 사법 불신의 벽 낮췄다(세계일보 2018.1.16.)

10) 배심제는 일반 국민으로 구성된 배심원이 재판에 참여하여 직업법관으로부터 독립하여 유·무죄의 판단에 해당하는 평결을 내리고 법관은 그 평결에 따르는 제도로, 미국, 영국 등에서 시행되고 있다.

11) 참심제는 일반 국민인 참심원이 직업법관과 함께 재판부의 일원으로 참여하여 직업법관과 동등한 권한을 가지고 사실문제 및 법률문제를 판단하는 제도로, 독일, 프랑스 등에서 시행되고 있다.

12) 국민참여재판 - 대법원 http://help.scourt.go.kr/nm/min_9/min_9_8/index.html

국민참여재판으로 진행되는 사건

초기에는 국민참여재판의 대상사건을 특수강간 등 중죄사건으로 제한되었지만, 2012년부터 전체 합의사건으로 확대되었다.

법원은 대상사건에 대해 공소가 제기되면 피고인 또는 변호인에게 공소장 부본과 함께 국민참여재판 안내서, 국민참여재판 의사확인서를 송달한다. 국민참여재판을 원하는 피고인은 공소장 부본을 송달받은 날부터 7일 이내에 국민참여재판을 원하는 의사를 기재한 서면을 법원에 제출하여야 한다. 다만, 위 기간이 지난 후에도 국민참여재판을 희망할 경우 제1회 공판기일 전에는 이 서면을 제출할 수 있다. 다만, 법원은 일정한 경우에 국민참여재판을 하지 아니하기로 하는 결정을 할 수 있다.

국민참여재판이 시행된 2008년부터 2019년까지 모두 6,996건의 국민참여재판 신청이 접수됐고 이 가운데 2,622건(실시율 38.2%)이 실제로 진행됐다.[13] 국민참여재판 중 주목할 만한 사건으로는 김형식 전 서울시의원 살인교사사건,[14] 상주 농약 사이다 할머니 살인 사건[15] 등이 있다.

국민참여재판의 절차

국민참여재판은 다음과 같은 순서로 진행된다.

배심원 선정절차 → 공판절차 → 평의절차 → 판결선고

배심원 선정절차

국민참여재판에서는 공판절차에 앞서 배심원 선정절차가 진행된다. 배심원이란 사건과 재판에 직접적, 간접적인 관련이 없는 일반시민을 대표하는 사람으로서, 만 20세 이상의 대한민국 국민 중에서 법원에서 하는 재판의 과정에 참여하도록 선정

---

13) 국민참여재판 인기 '시들'··· 실시율 ↓ 배제율 ↑(법률신문 2021.3.18.)

14) 국민참여재판으로 진행된 1심재판에서 배심원들은 만장일치로 김 의원에게 '유죄' 평결을 내렸고 재판부는 배심원들의 평결을 받아들여 김씨에게 무기징역을 선고했다. 그리고 대법원에서 무기징역이 확정되었다(동아일보 2015.4.30.).

15) 국민참여재판으로 진행된 1심재판에서 배심원들은 만장일치로 80대 할머니에게 '유죄' 평결을 내렸고 재판부는 배심원들의 평결을 받아들여 피고인에게 무기징역을 선고했다. 그리고 대법원에서 무기징역이 확정되었다(매일신문 2016.8.30.).

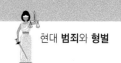
된 사람을 말한다. 법정형이 사형·무기징역 또는 무기금고에 해당하는 대상사건에 대한 국민참여재판에는 9인의 배심원이 참여하고, 그 외의 대상사건에 대한 국민참여재판에는 7인의 배심원이 참여한다. 다만, 법원은 피고인 또는 변호인이 공판준비절차에서 공소사실의 주요내용을 인정한 때에는 5인의 배심원이 참여하게 할 수 있다. 참고로, 배심원 중 일부에게 갑자기 배심원의 직무를 수행할 수 없는 사정이 갑자기 생기는 경우에 대비해 예비배심원도 선정한다. 배심원과 예비배심원은 배심원 평의가 시작되기 전까지는 그 권한과 의무에 있어 차이가 없으나, 평의와 양형에 관한 토의에는 오로지 배심원만이 참여할 수 있다.

배심원을 선정하기 위해서 법원은 각급 법원별로 작성된 배심원후보예정자명부로부터 일정 수의 배심원후보자를 무작위로 추출하여 선정기일을 통지한다. 만약 출석을 통지받은 배심원후보자가 정당한 사유없이 지정된 일시에 출석하지 아니한 때에는 법원은 결정으로 200만원 이하의 과태료를 부과한다.[16] 다만, 건강이 좋지 않거나 간호, 육아, 출장 등 재판에 참여할 수 없는 부득이한 사정이 있는 때에는 법원에 배심원 직무 면제를 신청할 수 있다.

선정기일에 배심원후보자들이 출석하면 판사, 검사, 변호인은 배심원후보자에게 사건을 공정하게 평결할 자격을 갖추고 있는지 확인하기 위해 질문한다. 이 때 배심원이 될 자격을 갖추지 못하였거나 사건에 대해 편견이나 선입견을 가져 공정한 평결을 하기 어렵다고 판단되는 배심원후보자는 배심원으로 선정되지 않을 수 있다. 검사와 변호인은 일정한 수의 배심원후보자에 대해 이유를 밝히지 않는 기피신청을 할 수 있다. 이러한 절차에 따라 배심원과 예비배심원 불선정 결정 절차를 거쳐 필요한 수의 배심원과 예비배심원 후보자가 확정되면 법원은 무작위의 방법으로 배심원과 예비배심원을 선정한다. 필요한 수의 배심원과 예비배심원이 선정되면 배심원 선정절차가 종료된다. 변론에 집중하기 위해서 누가 배심원과 예비배심원인지는 변론 종결 후 알게 된다.

공판절차

선정된 배심원은 공판절차에 참여하여 검사와 변호인의 주장을 듣고 증거조사 과정을 지켜본다. 배심원은 공판절차에 집중하여 재판장이 설명하는 법률과 법정에서 조사된 증거를 이해하고 기억하여야 한다. 공판절차는 다음과 같이 진행된다.

---

16) 국민참여재판 배심원 '불출석 과태료' 논란(서울신문 2013.8.28.)

첫 번째 절차는 배심원 선서이다. 재판이 시작되면 배심원은 법률에 따라 공정한 직무 수행을 다짐하는 선서를 해야 한다. 참고로, 법원은 전담관리자를 지정하여 배심원 개인 정보를 철저하게 보호한다. 배심원후보자가 제출한 질문표에 기재된 개인정보는 공개되지 않는다. 법정에서는 배심원 성명을 부르지 않고 법원이 부여한 번호로만 부른다. 누가 배심원으로 참여하였는지도 본인의 동의 없이는 공개되지 않는다.

두 번째 절차는 증거조사이다. 배심원은 피해자, 목격자 등 증인신문을 지켜보는 것과 같이 증거조사절차에 참여한다. 배심원은 재판장 허가를 얻어 사건의 쟁점과 증거조사결과를 필기할 수 있다. 필기한 내용은 다른 배심원이 알지 못하도록 주의하여야 하고, 평의시 참고할 수 있다. 증인이나 피고인을 신문할 때 궁금한 점을 질문할 수 있다. 증인이나 피고인에 대한 질문은 신문 종료 직후 종이에 적어 재판장에게 제출한다.

세 번째 절차는 **검사와 변호인의 최종 변론**이다. 증거조사를 마치면 검사와 변호인은 사건의 쟁점과 증거관계에 관한 변론을 통하여 배심원을 설득한다. 변론이 종결되면 재판장은 배심원에게 사건의 쟁점과 증거, 적용할 법률, 판단 원칙에 관하여 설명한다. 배심원은 이 설명을 주의깊게 듣고 사건의 쟁점을 정리하여 평의를 진행해야 한다.

평의절차

평의는 법정 공방을 지켜 본 배심원들이 평의실에서 피고인의 유·무죄에 관한 논의를 진행하는 절차이고, 평결은 배심원이 평의를 통하여 유·무죄에 관한 최종 판단에 이르는 것을 말한다. 배심원은 평의에 참여하여 자신의 주장을 충분히 진술하고 상대방 의견을 경청하여 법정에서 보고 들은 증거에 따라 감정에 치우치지 않고 공정하게 판단한다.

먼저, 배심원대표를 선출한다. 배심원대표는 평의를 주재하고 재판부 의견 진술 요청, 평결결과 집계, 평결서 작성 및 전달의 역할을 한다. 그리고 법정에서 보고 들은 증거와 재판장 설명에 기초하여 유·무죄를 논의한다. 유·무죄 의견이 나뉘면 토론·설득을 통하여 만장일치에 이르도록 노력한다. 배심원 과반수가 요청하면 재판부 의견을 청취할 수 있다. 그 후 배심원대표는 배심원의 유·무죄 의견을 분명하게 확인하여 평결 결과를 집계한다.

만장일치 평결이 내려지면 평결서를 작성하여 재판부에 전달한다. 만약 유·무죄

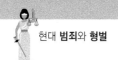

의견이 일치되지 않으면 반드시 재판부 의견을 듣는다. 재판부 의견을 들은 후에는 충분히 평의를 진행한다. 평결이 내려지면 배심원대표가 평결서를 작성한 후 재판부에 알린다. 유죄 평결이 내려지면 재판부와 함께 피고인에게 부과할 적정한 형에 대하여 토의한다. 다만, 배심원의 평결은 법원을 기속하지 않고 권고적 효력을 가지는 것이다. 그럼에도 불구하고 지난 10년 동안 국민참여재판의 결과를 분석한 결과 배심원의 평결과 판결이 일치하는 비율이 93%정도로 매우 높다.[17]

판결선고

판결의 선고는 변론을 종결한 기일에 해야 한다. 다만, 특별한 사정이 있는 때에는 따로 선고기일을 지정할 수 있다. 선고기일을 따로 지정한 경우에는 배심원의 출석 없이 개정할 수 있다. 재판장은 판결선고 시 피고인에게 배심원의 평결결과를 고지해야 하며, 배심원의 평결결과와 다른 판결을 선고하는 때에는 피고인에게 그 이유를 설명해야 한다.

---

17) 배심원 평결·판결 93% 일치…'온정'보다 합리적 판단 제시(2018.1.16.)

현대 범죄와 형벌

제12장

억울한 피고인과 피해자

1. 피고인의 형사보상과 명예회복

·

2. 범죄피해자의 보호

·

3. 범죄피해자의 손해배상

1. 피고인의 형사보상과 명예회복

억울한 피고인

최근 영화 '재심'의 모티브가 된 '익산 약촌오거리 살인사건'[18] '간첩 누명사건'[19] '화성 연쇄 살인사건의 이춘재 대신 20년 억울한 옥살이한 사건'[20] 등을 보면, 범죄를 짓지 않은 사람이 억울한 누명을 쓴 채 이른바 옥살이(징역)를 하는 경우도 적지 않다는 것을 알 수 있다. 법원에서 유죄판결을 받지 않더라도, 검찰이 청구하고 법원이 발부한 영장에 의해서 체포 또는 구속되어 수사를 받던 자가 혐의가 없다고 불기소처분을 받는 경우도 있을 것이다. 또한 구속된 상태에서 재판까지 받던 자가 무죄판결을 받게 되는 경우도 있을 수 있다. 보통의 경우 구속된 피의자나 피고인은 불기소처분 또는 무죄판결과 무관하게 이미 구속되었다는 사실만으로 직장을 잃게 되거나 사회에서의 평판까지도 잃게 될 우려가 크다. 이에 우리나라는 형사보상 및 명예회복에 관한 법률을 제정하여 형사소송 절차에서 무죄재판 등을 받은 자에 대한 형사보상 및 명예회복을 위한 방법과 절차 등을 규정함으로써 무죄재판 등을 받은 자에 대한 정당한 보상과 실질적 명예회복을 도모하고 있다.

형사보상의 요건

형사보상이란 형사사법 당국의 과오로 죄인의 누명을 쓰고 구속되었거나 형의 집행을 받은 사람에 대해 국가가 그 손해를 보상해주는 제도를 말한다.

형사보상을 청구할 수 있기 위해서는 첫째, 일반형사절차, 재심절차 등에서 무죄 재판을 받아 확정된 사건의 피고인이 미결구금(未決拘禁)이나 구금을 당했어야 한다.

둘째, 면소 재판을 받아 확정된 피고인이 면소 또는 공소기각의 재판을 할 만한 사유가 없었더라면 무죄재판을 받을 만한 현저한 사유가 있었을 경우에는 무죄 재판을 받지 않았더라도 형사보상청구를 할 수 있다. 면소란 형사소송에 있어서 당해 사건에 관한 당해 법원의 소송절차를 종결시키는 종국재판을 말한다. 면소사유 중

---

18) 익산 약촌오거리 살인사건 피고 재심서 무죄(한겨레 2016.11.17.)

19) '통혁당 사건' 불법 체포·감금 대학생… 52년 만에 재심서 무죄(2021.7.20.)

20) "1000억 준다 한들 인생과 바꿀 수 있나"…'20년 누명' 윤성여, 과거 인터뷰 재조명(세계일보 2020.12.17.)

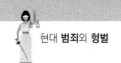

범죄 후의 법령개폐로 형이 폐지된 경우가 있다.[21] 지난 2015년 2월 26일 헌법재판소가 형법상 간통죄에 대해서 위헌결정을 내리면서, 그 당시 각급 법원에 간통죄로 기소된 피고인들은 면소판결을 받았다. 그리고 간통죄 피고인들 중 구속되었던 사람들은 형사보상금을 청구할 수도 있게 되었다.[22]

셋째, 공소기각 재판을 받아 확정된 피고인이 면소 또는 공소기각의 재판을 할 만한 사유가 없었더라면 무죄재판을 받을 만한 현저한 사유가 있었을 경우에는 무죄재판을 받지 않았더라도 형사보상청구를 할 수 있다. 공소기각이란 형식적 소송조건의 흠결이 있을 때에 법원이 이를 이유로 하여 실체적 심리에 들어감이 없이 소송을 종결시키는 형식적 재판을 말한다.[23]

넷째, 구금된 형사피의자 중 기소유예 이외의 불기소처분을 받은 피의자 역시 형사보상을 청구할 수 있다. 이것은 이른바 피의자보상이라고 한다. 최근에는 불구속수사 원칙이 강화되는 한편, 구속된 피의자가 불구속으로 풀려나는 경우가 줄고 있어서 피의자가 보상금을 청구하는 사례는 매우 적다.

한편, 현행 형사보상제도는 구금이나 형의 집행에 대해서만 보상을 청구할 수 있도록 규정하고 있다. 대상에서 제외된 미구금 피의자나 피고인도 경제적, 사회적, 정신적으로 피해를 입게 되는 만큼 형사보상 대상에 포함하는 것이 헌법 정신에 부합한다는 주장도 제기되고 있다.[24]

형사보상 금액의 결정

형사보상은 피고인 또는 피의자에게 내려진 처분에 따라 그 보상의 방법에 차이가 있다.

첫째, 구금에 대한 보상을 할 때에는 구금일수에 따라 지급된다. 보상금은 구금일

21) 면소사유로는 ① 공소(公訴)가 제기된 사건에 관하여 이미 확정판결이 있는 때, ② 사면이 있는 때, ③ 공소의 시효(時效)가 완성되었을 때, ④ 범죄 후의 법령개폐로 형이 폐지되었을 때 등이 있다(형사소송법 326조).

22) 간통죄 위헌 결정, 재판 중 사건은 공소 취소…구속된 경우 구금기간 따라 보상금(동아닷컴 2015.2.27.)

23) 공소기각에는 판결로써 해야 하는 경우(형사소송법 제327조)와 결정으로써 해야 하는 경우(동법 제328조)의 2가지가 있다. 판결로써 공소기각의 선고를 해야 하는 경우는, ① 피고인에 대하여 재판권이 없을 때, ② 공소제기의 절차가 법률의 규정에 위반하여 무효일 때, ③ 공소가 제기된 사건에 대하여 다시 공소가 제기되었을 때, ④ 제329조(공소취소에 의한 공소기각의 결정이 확정된 때에는 공소취소 후 그 범죄사실에 대한 다른 중요한 증거를 발견한 경우에 한하여 다시 공소를 제기할 수 있다)의 규정에 위반하여 공소가 제기되었을 때, ⑤ 고소가 있어야 죄를 논할 사건(친고죄)에 대하여 고소의 취소가 있을 때, ⑥ 피해자의 명시한 의사에 반하여 죄를 논할 수 없는 사건(반의사불벌죄)에 대하여 처벌을 희망하지 아니하는 의사표시가 있거나, 처벌을 희망하는 의사표시가 철회되었을 때이다. 결정으로써 공소기각을 해야 하는 경우는, ① 공소가 취소되었을 때, ② 피고인이 사망하거나 피고인인 법인이 존속하지 아니하게 되었을 때, ③ 재판할 수 없는 때, ④ 공소장에 기재된 사실이 진실하다 하더라도 범죄가 될 만한 사실이 포함되지 아니할 때이다.

24) 억울한 옥살이 형사보상금, 지급 기한·이자 규정 없어(파이낸셜뉴스 2017.5.30.)

수 1일당 보상청구의 원인이 발생한 연도의 최저임금법에 따른 최저임금액 이상, 구금 당시의 최저임금액의 5배 이하의 비율에 의한 금액이다. 법원은 보상금액을 산정할 때 ① 구금의 종류 및 기간의 장단, ② 구금기간 중에 입은 재산상의 손실과 얻을 수 있었던 이익의 상실 또는 정신적 고통과 신체 손상, ③ 경찰·검찰·법원 각 기관의 고의 또는 과실 유무, ④ 무죄재판의 실질적 이유가 된 사정, ⑤ 그 밖에 보상금액 산정과 관련되는 모든 사정을 고려해야 한다. 최근 16년 만에 누명 벗은 '익산 약촌오거리 사건'의 피고인은 9년 7개월의 구금일수에 대해 8억 6000만원의 형사보상금을 받게 되었다.[25] 17년 만에 누명을 벗은 '삼례 3인조 강도치사사건'의 피고인들은 각각 2,008일, 1,277일, 1,469일간의 복역에 대해서 4억8,400여만 원, 3억 800여만 원, 3억5,400여만 원을 형사보상금으로 받게 되었다.[26]

둘째, 사형 집행에 대한 보상을 할 때에는 집행 전 구금에 대한 보상금 외에 3천만 원 이내에서 모든 사정을 고려하여 법원이 타당하다고 인정하는 금액을 더하여 보상한다. 1960년대 초 북한의 활동을 도왔다는 혐의로 사형을 당한 뒤 47년 만에 재심을 통해 무죄를 선고받은 고(故) 조용수 민족일보 사장의 유족들이 국가로부터 6000여만 원의 보상을 받은 바 있다.[27]

셋째, 벌금 또는 과료의 집행에 대한 보상을 할 때에는 이미 징수한 벌금 또는 과료의 금액에 징수일의 다음 날부터 보상 결정일까지의 일수에 대하여 민법의 법정이율을 적용하여 계산한 금액을 더한 금액을 보상한다.

넷째, 노역장유치의 집행에 대한 보상은 구금에 대한 보상과 동일하다.

다섯째, 몰수 집행에 대한 보상을 할 때에는 그 몰수물을 반환하고, 그것이 이미 처분되었을 때에는 보상결정 시의 시가(時價)를 보상한다.

여섯째, 추징금에 대한 보상을 할 때에는 그 액수에 징수일의 다음 날부터 보상 결정일까지의 일수에 대하여 민법의 법정이율을 적용하여 계산한 금액을 더한 금액을 보상한다.

---

25) 억울한 10년 옥살이…'약촌오거리 살인사건' 8억 보상금(국민일보 2017.7.25.)

26) 17년 만에 누명 벗은 '삼례 3인조' 형사보상금 11억 받는다(한국일보 2017.6.9.)

27) 조용수 민족일보 사장 유족에 "6000만원 보상금 지급" 판결(동아일보 2008.5.23.)

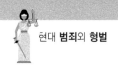

형사보상금 지급현황

[단위 : 건수, 억원]

	2010	2011	2012	2013	2014	2015	2016	2017	2018	2019	2020
건수	6,568	14,252	39,519	33,760	34,366	14,547	8,713	7,374	5,073	4,257	4,380
금액	170	221	531	576	881	529	317	360	367	401	419

〈출처 : 대검찰청 검찰통계시스템〉

2009년까지는 형사보상금 지급 건수가 연간 300건 미만이었지만, 2010년에는 전년도의 23.9배인 6,568건에 달했다. 구 도로법 등 2009년 헌재의 양벌규정 위헌 결정이 가장 큰 영향을 미쳤지만, 과거사 사건 등 굵직한 재심 사건과 헌재의 각종 형벌규정에 대한 위헌 결정이 잇따르면서 형사보상금 지급 건수가 그만큼 많아진 셈이다. 전체 보상금 지급액수도 2010년에는 221억 원이었지만, 2020년 419억 원에 달하고 있다.

피고인의 명예회복

피고인들이 무죄판결을 받은 경우 이들은 자신들의 무죄를 널리 알림으로써 명예가 회복되길 바랄 것이다. 그렇지만 경제적 어려움은 형사보상금으로 일정 부분 회복할 수 있지만, 이미 훼손된 명예는 회복이 어렵다. 그래서 피고인의 명예를 회복할 수 있는 두 가지 제도가 마련되어 있다.

첫째, 무죄재판서 게재 청구제도가 있다. 무죄재판을 받아 확정된 사건의 피고인은 무죄재판이 확정된 때부터 3년 이내에 확정된 무죄재판사건의 재판서를 법무부 인터넷 홈페이지에 게재하도록 해당 사건을 기소한 검사가 소속된 지방검찰청에 청구할 수 있도록 하는 것이다. 이를 실제 법무부는 무죄판결 공고제도를 실시하고 있다.[28] 다만, 무죄재판서 게재는 매년 40건 내외에 그치고 있다. 매년 1만~3만 명에 이르는 무죄인원과 비교해 미미한 수준에 그치고 있다.[29]

둘째, 무죄판결 공시제도가 있다. 일반 형사절차 등에서 무죄를 선고하는 경우나 재심에서 무죄를 선고하는 경우에 판사가 피고인의 의사를 물어 대법원 홈페이지에 6개월간 무죄 취지를 공시하는 제도이다. 무죄판결공시제도에 따라 피고인에게

---

28) 법무부 - 법무정책 - 법무/검찰 - 무죄재판서게재
　　https://www.moj.go.kr/HP/COM/bbs_Acq/BoardList.do?strOrgGbnCd=100000&strRtnURL=MOJ_31603000&strNbodCd=acqu0001
29) '무죄' 나와도 알릴 길 막막…유명무실 '무죄 판결문 게재'(SBS 2018.9.23.)

무죄를 선고하는 때에는 형사판결 주문 다음에 "피고인에 대한 판결의 요지를 공시한다."고 표시하고 판결주문과 함께 이를 선고한다. 다만, 무죄판결을 받은 피고인이 무죄판결공시 취지의 선고에 동의하지 아니하거나 피고인의 동의를 받을 수 없는 경우에는 그러하지 아니하다. 대법원 홈페이지에서 지역별 각급 법원에서 게시되는 무죄 판결 공고문을 확인할 수 있다.[30]

---

30) 대법원 무죄판결공시 http://www.scourt.go.kr/portal/notice/innocence/innocence.jsp

 2. 범죄피해자의 보호

형사절차에서의 피해자의 지위

범죄가 발생하면 피해자들은 경찰에 고소를 한다. 그리고 용의자 중 범죄가해자로 의심되는 자에 대한 수사가 시작된다. 흔히 언론에서는 범인(용의자)이 "피의자 A가 불구속 입건되었다' '피의자 B에 대해 구속영장이 발부되었다"와 같이 범인에 주목한다. 경찰과 검찰 그리고 법원이 집중적으로 다루는 것도 피의자 또는 피고인이 범죄를 저질렀는지 여부이다. 형사법의 중심이 되는 죄형법정주의 원칙 역시 피의자 또는 피고인에 대한 배려를 품고 있는 원칙이다. 그렇다면 형사절차에서 피해자의 위치는 무엇인가.

형사절차의 시작인 수사는 대부분 피해자의 고소로 시작한다. 그렇지만 범죄피해자가 형사절차 과정에서 할 수 있는 역할은 상당히 제한적이다. 수사 절차에서는 고소를 통해서 수사기관에 수사 개시의 단서를 제공하고, 범죄와 관련하여 자신이 경험하고 목격한 사실을 진술하는 참고인이 되는 데에 그친다. 범죄피해자는 경찰에서 피해자 진술조서를 작성한 후 이 사건이 어떻게 진행되는지 궁금하지만, 경찰에 자꾸 묻는 것이 쉽지 않다. 형사재판 절차에서도 법원에 출석하여 증인으로서 진술하는 것이 고작이다. 범죄피해자는 법원으로부터 출석요구서를 받지 않는 한 자신에게 피해를 준 피고인의 재판이 언제, 어디서 열리는지 알 수가 없다. 즉 피의자 또는 피고인을 단죄하기 위해 고안된 형사절차에서 범죄피해자는 그저 조연에 불과하다고 할 수 있다.

형사절차 참여 보장

최근에는 참고인 또는 증인으로서 형사절차에 참여하는 범죄피해자의 권리를 실질적으로 보호하기 위한 법률이 마련되었다. 바로 범죄피해자 보호법이다. 이 법률에 따라 범죄피해자는 자신이 원할 경우 신청을 통해서 가해자에 대한 수사 결과, 공판기일, 재판 결과, 형 집행 및 보호관찰 집행 상황 등 형사절차 관련 정보를 제공받을 수 있다. 즉 경찰수사단계에서는 해당 경찰서나 수사담당자는 신청에 따라 범죄피해자에게 사건의 접수, 진행 경과 및 처리 결과 등 수사진행 상황에 대한 정보를 제공한다. 검찰청에서는 검찰수사 및 재판단계와 관련하여 신청에 따라 범죄피해자에게 사건의 처분결과, 재판 일시 및 형사재판이 청구된 법원, 판결 주문 및 선고일

자, 재판의 확정 및 상소 여부 등에 관한 정보를 제공한다. 마지막으로 형 집행단계의 경우 검찰청에서는 신청에 따라 범죄피해자에게 형벌의 집행상황 등을 통지해 준다. 또한 법무부에서는 형벌의 집행상황, 출소일자, 가석방 일자 등 범죄피해자가 요청하는 정보를 제공한다. 참고로 현재 수사를 하고 있는 경찰청 민원센터(국번없이 182)이나 검찰청 민원실 또는 피해자지원실(1577-2584)에 문의할 수 있고, 범죄피해자는 형사사법포털(http://www.kics.go.kr/)을 통해서도 자신과 관련된 사건의 진행상황을 알 수 있다.

범죄피해자 보호와 지원

범죄피해자의 권리 강화 및 효율적인 보호를 위해서 다양한 제도들이 도입, 시행되고 있지만 정작 제대로 알지 못해 도움을 받지 못하는 경우가 있을 수 있다. 이러한 문제점을 극복하고 범죄피해자를 적극적으로 보호·지원하기 위해 법무부 등 관련기관에서는 범죄피해자 보호·지원기관을 설치하고 범죄피해자 보호·지원 정책을 추진해 나가고 있다. 국가 차원에서 설치된 범죄피해자 보호·지원기관으로는 법무부 인권구조과, 대검찰청 피해자인권과, 경찰청 인권보호센터 등이 있고, 민간단체로는 각 지역별로 범죄피해자지원센터가 있다.[31] 범죄피해자는 이러한 범죄피해자 보호·지원기관으로부터 다음과 같은 도움을 받을 수 있다.

첫째, 범죄 발생 직후에 신체적, 정신적, 경제적 피해로 인하여 심리적으로 불안한 상태에 놓인 피해자는 자신이 겪고 있는 어려움과 관련하여 **상담**을 받을 수 있다. 상담은 직접 방문은 물론 전화, 편지, 인터넷을 통해서도 가능하다.

둘째, 범죄피해자는 **긴급구호 및 의료지원**도 받을 수 있다. 범죄 발생 직후 긴급한 도움이 필요하거나 범죄행위로 인해 신체적, 정신적 피해를 입어 치료가 필요한 범죄피해자는 적절한 의료기관을 안내받을 수 있다.

셋째, 범죄피해자에 대한 생계비, 학자금 지원, 주거 지원 등 **경제적 지원**도 가능하다. 범죄로 인하여 생계가 곤란하게 되거나 학업을 계속할 수 없을 정도로 경제적으로 곤란한 상태에 빠진 경우 범죄피해자지원센터에 요청하여 생계비, 학자금의 보조를 받을 수 있다. 또한 국민기초생활보장법에 정한 요건을 갖춘 경우 기초생활수급자 지정에 관한 안내를 받을 수 있다.

넷째, 범죄피해자는 **법률적 지원**을 받을 수 있다. 따라서 범죄피해자는 자신이 입

---

31) 전국범죄피해자지원연합회 http://www.kcva.or.kr/

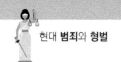

은 손해를 배상 또는 보상받을 수 있는 제도인 형사조정제도, 배상명령제도, 범죄
피해자구조제도 등에 관한 정보를 제공받을 수 있다.

특정범죄신고자 보호

범죄피해자는 최초의 범죄로 인한 피해 뿐만 아니라, 범죄사실을 신고하였다는
이유로 2차 범죄, 즉 보복범죄를 당하기도 한다. 보복범죄란 자기 또는 타인의 형사
사건의 수사 또는 재판과 관련하여 고소·고발 등 수사단서의 제공, 진술, 증언 또
는 자료제출에 대한 보복의 목적으로 행하는 범죄를 말한다. 보복범죄로부터 범죄
피해자를 보호함으로써 안심하고 범죄 신고를 할 수 있도록 하기 위하여 특정범죄
신고자 등 보호법이 제정되었다. 모든 범죄의 신고자를 보호하는 것은 아니고 동법
에서 정하는 특정범죄신고자에 한정되는데, 특정범죄는 주로 살인, 강간, 범죄단체
의 활동과 관련된 범죄, 뇌물죄 등 각종 부패범죄 등을 말한다. 그리고 특정범죄신
고자를 보호하기 위한 제도로는 다음과 같은 것이 있다.

첫째, 국가는 범죄 신고로 인하여 보복을 당할 우려가 있는 범죄 신고자 또는 친
족 등에게 당해 형사 사건의 수사·재판 과정에 동행하거나 조언하는 등 필요한 도
움을 줄 수 있는 사람을 보좌인으로 지정할 수 있다.

둘째, 검사 또는 사법경찰관은 범죄신고 등과 관련하여 조서나 그 밖의 서류를
작성할 때 범죄신고자 등이나 그 친족 등이 보복을 당할 우려가 있는 경우에는 그
취지를 조서 등에 기재하고 범죄신고자 등의 성명·연령·주소·직업 등 신원을 알
수 있는 사항은 기재하지 아니한다.[32] 그리고 이 법에 규정된 경우를 제외하고는
누구든지 이 법에 따라 보호되고 있는 범죄신고자 등이라는 정황을 알면서 그 인적
사항 또는 범죄신고자 등임을 미루어 알 수 있는 사실을 다른 사람에게 알려주거나
공개 또는 보도하여서는 아니 된다.

셋째, 검사 또는 경찰서장은 범죄신고자 등이나 그 친족 등이 보복을 당할 우려
가 있는 경우에는 일정 기간 동안 해당 검찰청 또는 경찰서 소속 공무원으로 하여
금 신변안전을 위하여 필요한 조치를 하게 할 수 있다. 신변안전조치의 종류로는 일
정 기간 동안의 특정시설에서의 보호, 일정 기간 동안의 신변경호, 참고인 또는 증
인으로 출석·귀가 시 동행, 대상자의 주거에 대한 주기적 순찰이나 폐쇄회로 텔레
비전의 설치 등 주거에 대한 보호, 그 밖에 신변안전에 필요하다고 인정되어 대통

---

32) 미투 신고자 '가명조서'로 보호(서울신문 2018.3.6.)

령령으로 정하는 조치 등이 있다. [33]

넷째, 범죄 신고자 또는 친족이 보복을 당할 우려가 있어 이로 인해 중대한 경제적 손실 또는 정신적 고통을 받았거나, 이사 및 전직 등으로 비용을 지출하였거나 지출할 필요가 있는 때에는 신청이 있는 경우 국가가 일정한 금액을 범죄신고자 구조금으로 지급할 수 있다.

● 형사절차단계별 범죄피해자 지원

단계	지원내용	안내(문의)전화
범죄 직후의 피해자 지원	범죄를 당한 피해자의 어려움을 덜어드리고자 전국 58곳에 설치된 범죄피해자지원센터(1577-1295)에서는 상담, 범죄현장에서의 피해자보호, 병원후송, 가족 등 보호자 연락, 현장정리뿐만 아니라 경제·의료지원, 법정동행 등 다양한 도움을 드리고 있습니다.	범죄피해자지원센터 (1577-1295)
수사과정에서의 피해자 지원	피해자가 수사과정에서 참고인으로 조사를 받을 때 현저하게 불안 또는 긴장을 느낄 우려가 있는 등 일정한 요건을 갖춘 경우 부모, 배우자 등 일정관계 있는 사람이 조사에 동석할 수 있습니다. 범죄자로부터 보복을 당할 우려가 있을 경우 검찰청 피해자지원실(1577-2584)이나 범죄피해자지원센터 (1577-1295)로 문의하시면 신변보호를 위한 다양한 지원활동을 받을 수 있습니다.	검찰청피해자지원실 (1577-2584), 범죄피해자지원센터 (1577-1295)
재판과정에서의 피해자 지원	범죄피해자 등은 재판절차에 증인으로 참가하여 피해의 정도 및 결과, 피고인의 처벌에 관한 의견 등을 진술할 수 있으므로 희망하는 경우 검사 또는 검찰청 피해자지원실에 신청하시면 됩니다. 또한 가해자가 보석을 신청한 경우 보복범죄가 두려울 때에는 검사를 통하여 법원에 의견을 진술하실 수도 있습니다. 피해자가 재판과정에서 증인으로 진술할 때 현저하게 불안 또는 긴장을 느낄 우려가 있는 등 일정한 요건을 갖춘 경우 부모, 배우자 등 일정관계 있는 사람이 법정에 동석할 수 있습니다. 또한 아동, 청소년 또는 성폭력범죄 피해자 등의 경우 비디오 중계방식이나 차폐시설을 이용하여 범죄자와 직접 대면하지 않고 증인신문을 받을 수 있으며, 비공개재판을 신청할 수도 있습니다.	

출처 : 대검찰청

---

33) "범죄 억제·예방"…급증하는 경찰 신변보호조치(연합뉴스TV 2019.12.31.)

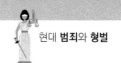
 3. 범죄피해자의 손해배상

범죄피해자의 손해

범죄가 발생할 경우 피해자는 여러 가지 손해를 입게 된다. 살인 등 생명, 신체와 관련된 범죄의 경우에는 치료비 뿐만 아니라 일을 하지 못한 만큼의 소득, 즉 일실수익의 손해와 정신적 고통에 따른 손해 등이 생긴다.[34] 사기죄 등 재산범죄의 경우에는 금전적 손해가 생긴다. 생명, 신체의 고통이나 재산적 손해가 없는 범죄, 예를 들면 명예훼손죄 등의 경우에서도 정신적 고통에 따른 손해가 있을 수 있다. 그래서 범죄피해자가 입게 되는 손해에 대해서 자세히 살펴볼 필요가 있다. 손해에는 크게 적극적 손해, 소극적 손해, 정신적 손해 3가지가 있다.

첫째, 적극적 손해는 불법행위로 인하여 기존의 이익이 없어지거나 줄어든 손해를 말한다. 예를 들면, 폭행이나 상해의 경우 치료비의 지출이라는 손해가 발생한다. 주택에 방화가 발생할 경우 주택의 소실로 인한 손해가 발생한다.

둘째, 소극적 손해는 불법행위로 인하여 장래에 이익을 얻을 것이 방해됨으로써 받는 손실을 말한다. 흔히 일실이익 또는 일실수익이라고도 한다. 예를 들어 범죄로 인해서 피해자가 사망한 경우에는 사망 직전까지의 치료비, 장례비 등과 같은 직접적 손해 뿐만 아니라 피해자가 생존할 경우 수입가능기간까지 일을 할 경우 얻을 수 있는 수입(단, 생존시 지출하였을 생활비는 공제함)에 대한 손해도 발생한다.

셋째, 정신적 손해는 불법행위로 인하여 받게 되는 정신적 고통을 말하고, 흔히 위자료라고 한다.

범죄피해자에게 고의 또는 과실로 인한 위법행위로 손해를 가한 범죄가해자는 그 손해를 배상할 책임이 있다(민법 제750조).

민사적 해결

범죄피해자의 입장에서 볼 때 범죄가해자의 처벌도 중요하지만, 범죄로 인하여 자신이 입은 손해를 배상받는 것 역시 중요한 일이다. 많은 사람들은 범죄가 발생하여 경찰에 고소를 하면 범죄피해자는 손해배상도 받을 수 있을 것으로 생각한다. 그러나 경찰이 하는 수사의 목적은 범죄가해자를 기소하여 형사처벌을 받도록

---

34) '강남역 묻지마 살인' 범인에게 5억원 손해배상 판결…피해자 측 '재산 파악' 나설 예정(세계일보 2017.8.22.)

할 것인지 판단하는 것에 있다. 따라서 범죄로 인해 발생한 손해에 대한 배상은 범죄가해자의 형사처벌과는 별도로 범죄피해자가 직접 범죄가해자와 해결해야 한다. 그래서 경찰은 범죄피해자가 손해를 말하면, 범죄가해자와 범죄피해자 사이에 직접적으로 개입하지 않고 이들 간의 합의를 권유할 뿐이다. 범죄가해자의 입장에서는 피해자와의 합의가 향후 기소와 양형에 중대한 영향을 미치고, 추후 피해자 또는 보험회사 등으로부터 민사소송을 제기당할 지 여부가 좌우된다. 피해자의 입장에서는 합의가 이루어지면 실질적인 손해 또는 향후 발생가능한 장래 치료비 청구 등에 대한 민사소송을 제기하기 어려워질 수 있다. 따라서 범죄가해자와 범죄피해자 간에 합의가 잘 이루어지는 경우도 있겠지만, 실제 범죄가 발생한 상황에서 합의가 쉽지는 않다.

합의가 이루어지지 않을 경우 범죄가해자는 공탁이라는 것을 한다. 공탁이란 변제·담보·보관 등의 목적으로 금전·유가증권 및 기타의 물건을 법원공탁소에 맡기는 것을 말한다.[35] 범죄가해자가 공탁을 하는 이유는 양형위원회의 양형기준에 따르면 피해자가 있는 범죄에서 피해자와 합의가 되지 않아도 상당한 금액을 공탁한 경우에는 형량이 줄어들 수 있다는 기준[36]이 있기 때문이다.[37] 그렇지만 범죄피해자는 자신이 입은 손해에 배해서 범죄가해자가 일방적으로 공탁한 공탁금이 적다고 생각할 수 있다. 이러한 경우에는 공탁금을 수령한 후 별도로 민사소송을 제기할 수 있다.[38] 참고로 범죄피해자는 대한법률구조공단(https://www.klac.or.kr)으로부터 무료법률구조를 받을 수 있다.[39]

이와 같이 범죄가해자와 범죄피해자 간 합의도 쉽지 않고, 공탁금액과 관련하여 의견이 일치하지 않을 수 있고, 민사소송을 제기하는 것도 시간, 지식, 절차 등의 여러 측면에서 쉽지 않다. 그럼에도 범죄피해자에게 운이 나빴다고 생각하고 어쩔 수 없으니 손해를 받아들이라고 하는 것은 너무나 가혹한 일이다. 그래서 우리나라는 범죄피해자가 비교적 원활하게 손해배상을 받을 수 있도록 하기 위하여 배상명령

---

35) 법원전자공탁(http://ekt.scourt.go.kr)

36) 양형의 조건으로는 ① 범인의 연령, 성행, 지능과 환경, ② 피해자에 대한 관계, ③ 범행의 동기, 수단과 결과, ④ 범행 후의 정황 등이 있다(형법 제51조).

37) 형사 공탁신청 최근 6년간 7배 이상 증가…지난해 공탁금만 1300억원(뉴스토마토 2016.10.6.); 며느리 성폭행한 70대 감형…공탁금 내고 2년 감형(서울신문 2018.5.28.)

38) "신해철 유족에 16억 배상하라"…아내 윤원희 씨 2년여 간 싸움 끝 '눈물'(문화뉴스 2017.4.26.) 2018년 7월 현재 민사소송의 항소심이 진행 중이다.

39) "강남역 살인범, 피해자 부모에 5억원 배상하라"(2017.8.23.) 이 사건에서 대한법률구조공단은 피해자 부모를 대리하여 민사소송을 진행하였다.

제도, 형사조정제도 등을 두고 있다.

형사조정위원회의 형사조정

형사조정이란 검사가 수사 중인 사건 중 범죄피해자가 입은 피해를 실질적으로 회복하는 데 필요하다고 인정될 경우, 형사조정에 사건을 회부하여 그 결과를 사건처리 또는 판결에 반영하는 일체의 절차를 말한다(범죄피해자 보호법 제41조).[40] 형사조정의 대상이 되는 사건은 주로 사기, 횡령, 배임이나 임금체불 또는 명예훼손 등 개인과 개인 간의 분쟁으로서의 성격이 강한 사건이다. 최근 각 지방검찰청별 형사조정이 크게 증가하고 있는 추세이다.[41]

형사조정은 형사조정위원회가 담당한다. 전국의 지방검찰청은 지역사회 각 분야의 전문가들로 구성된 형사조정위원회를 두고 있다. 형사조정에 회부되면 형사조정위원은 해당 사건의 기록을 검토하여 당사자들의 의견을 듣고 범죄가해자와 범죄피해자 간의 손해배상에 관한 합의점을 제안, 설득한다. 당사자들이 이 합의점에 모두 찬성하면 이것으로 조정이 성립된다. 범죄가해자와 범죄피해자 간의 형사조정이 성립되면, 담당 검사는 이를 참작하여 사건의 처리 여부를 결정하게 된다. 대부분의 경우 검사는 형사조정의 성립을 참작하여 불기소처분을 내리게 되어, 결국 범죄가해자는 형사처벌을 받지 않게 된다. 하지만 범죄혐의가 인정되고 사안이 중대한 경우에는 형사조정의 성립에도 불구하고 기소를 할 수 있다. 반면 당사자 간의 합의가 이루어지지 않아 형사조정이 성립되지 않은 때에는 사건은 다시 검사에게 송치된다. 이러한 경우 사건은 통상의 형사절차에 따라 처리된다.

○ 형사조정 추이

연도	의뢰건수	처리건수	성립건수	성립률(%)
2010	16,671	15,395	17,713	50.1
2011	17.517	16,897	8,398	49.7
2012	21,413	18,020	10,280	57.0
2013	33,064	28,441	14,772	51.9

---

40) 민사 성격의 형사사건, 형사조정 이용하면 신속 처리 가능(경향신문 2017.7.13.)

41) 처벌 대신 합의… 인천지검 형사조정 81% 증가(중부일보 2017.3.6.); 울산지검 형사조정사건 큰 폭 증가, 조정위원회 확대 개편(뉴시스 2018.2.7.); 올해 형사조정 2배 증가…검찰 "사회갈등 해소 도움"(KBS 뉴스 2015.11.16.)

연도	의뢰건수	처리건수	성립건수	성립률(%)
2014	54,691	45,527	25,523	56.1
2015	87.272	73,298	42,527	58.01
2016	111,012	95,236	57.102	60.0
2017	118.113	101,801	59,424	58.4
2018. 5.	58,149	42,841	24,924	58.2

출처 : 법무부

형사법원의 배상명령

　형사법원은 원칙적으로 형사사건만을 관할하는 곳으로 기소된 사건의 유무죄만을 판단한다. 그런데 형사법원이 범죄피해자가 있는 사건에서에서 유죄판결을 내릴 때까지도 피해자가 손해배상을 받지 못한 경우에 형사법원이 피고인에게 피해자에게 손해배상을 할 것을 명령하는 제도가 마련되었다. 이를 배상명령제도라고 한다 (소송촉진 등에 관한 특례법 제25조). 주로, 일정한 범죄, 즉 상해, 폭행, 성폭력, 절도, 사기, 횡령 등에 대하여 유죄를 선고할 경우에 배상명령을 한다. 이 때 법원은 피고인에게 범죄 행위로 인하여 발생한 직접적인 물적 피해, 치료비 손해 및 위자료의 손해까지도 배상을 명령할 수 있다.

　형사절차와 민사절차를 결합하여 범죄가해자의 형사재판 과정에서 손해배상까지 받도록 함으로써 범죄피해자에게 별도의 민사소송을 제기하는 불편을 해소시켜 줄 수 있다는 장점이 있다. 그런데 법원은 직권으로 배상명령을 내릴 수도 있지만, 당사자의 신청을 통해서도 배상명령을 내릴 수 있다. 따라서 폭행사건, 빌린 돈을 안 갚는 사람을 사기로 고소하는 사건, 성폭력 사건 등의 경우에 배상명령을 신청하면 좋을 것이다. 범인이 피고인으로 재판을 받고 있는 법원에 '2심 공판의 변론 종결전'까지 신청하면 된다. 대법원에 따르면 지난해 전국 지방법원에 접수된 배상명령 신청은 2만6578건으로 전년(1만4873건)보다 78.7% 증가했다. 한 해 배상명령 신청이 2만건을 넘은 건 지난해가 처음이다. 2015년 6800여건에 불과했던 신청 건수는 5년 만에 4배 가까이 늘며 가파르게 증가했다. 법원이 피해자의 배상명령 신청을 받아준 비율도 늘었다. 2020년 신청된 1만3598건 중 인용된 배상명령은 6254건(49.9%)으로 50%에 육박했다. 2015년(29.5%)보다 20.4%포인트나 증가한 수치다.[42]

---

42) 배상명령 신청 역대 최대… 2건 중 1건 '인용'(세계일보 2021.3.30.)

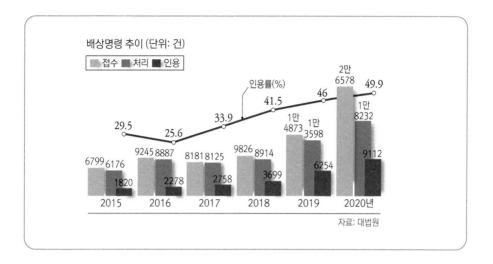

배상명령 추이 (단위: 건)

접수 ▪ 처리 ▪ 인용

인용률(%)

	2015	2016	2017	2018	2019	2020년
접수	6799	9245	8181	9826	1만4873	2만6578
처리	6176	8887	8125	8914	1만3598	1만8232
인용	1820	2278	2758	3699	6254	9112
인용률	29.5	25.6	33.9	41.5	46	49.9

자료: 대법원

범죄피해자구조제도

　범죄가 발생했을 때 항상 범죄가해자를 알 수 있는 것은 아니다. 설령 범죄가해자를 찾았더라도 그가 가지고 있는 재산이 없어 피해자에게 손해배상을 해줄 수 없는 경우도 있다. 이러한 경우에는 범죄피해자가 민사소송, 형사조정, 배상명령을 통하더라도 손해배상을 받기 어렵다. 이러한 경우에 국가가 범죄피해자에게 지원을 하는 제도가 마련되어 있는데, 이것이 바로 범죄피해자구조제도이다.

　범죄피해자구조제도는 사람의 생명 또는 신체에 해를 끼치는 범죄로 인하여 피해를 당한 경우 국가에서 피해자나 유족에게 일정한 한도의 구조금을 지급하는 제도이다. 대표적으로 살인으로 피해자가 사망에 이른 경우 또는 상해나 폭행으로 생명에 대한 위험이 발생하거나 불구가 되거나 난치의 질병에 이른 경우를 예로 들 수 있다. 최근에는 가해자 형사처벌 못지않게 피해자 원상회복이 중요하다는 '회복적 정의'의 중요성에 대한 인식이 확산되면서 구조금 지급범위를 확대하고 있다. 범죄피해구조금은 범죄피해자와 유족의 생활보장이라는 복지적 목적을 가지고 있어, 현행법은 구조대상 범죄피해에서 과실에 의한 행위를 제외하고 있었으나, 가해자가 고의범인지 과실범인지 여부가 아닌 피해자가 처한 상황에 초점을 맞춰 구조금을 지급해야 할 필요가 있어, 과실 범죄피해의 경우도 구조대상 범죄 피해에 포함하여 구조금을 신청할 수 있도록 개정될 예정이다.[43]

　구조금을 받고자 하는 범죄피해자는 자신의 주소지 등을 관할하는 지방검찰청

---

43) 법무부, 구조금지급대상자 과실범죄 피해자로 확대 추진(로이슈 2021.6.24.)

민원실에 신청하면 된다. 현재 사망피해자 유족의 경우 최대 약 1억 4900만원, 장해·중상해 피해자의 경우 최대 약 1억 2400만원의 구조금을 지원받을 수 있다.

● 연도별 범죄피해구조금 지급현황

단위: 건, 백만원

구분		2013	2014	2015	2016	2017	2018	2019	2020
합계	건수	312	331	382	279	264	248	305	206
	지급액	7,912	7,070	9,770	9,257	9,289	10,175	11,516	9,567
유족 구조금	건수	227	233	240	198	186	188	185	145
	지급액	6,796	6,056	8,281	8,080	8,014	9,234	9,278	8,214
장해 구조금	건수	32	28	31	26	21	24	34	27
	지급액	751	541	510	760	854	736	1,140	985
중상해 구조금	건수	53	70	111	55	57	36	86	34
	지급액	363	472	978	416	420	204	1,097	367

출처: 검찰통계시스템

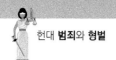

📖index

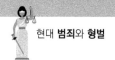

index

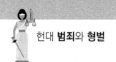

index

index

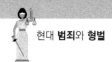
index

기타

저자 소개

송호신

한양대학교 법과대학 및 동 대학원 법학과(법학 석사/박사)를 졸업하였다. '상법상의 회사관련범죄에 대한 연구'(2002년)로 박사학위를 취득하였다. 한양대학교 경상대학 강의전담교수와 관동대학교 법정대학 겸임교수로 근무하였다. 현재 한국교통대학교 교양학부 교수로 재직 중이다.지은 책으로는 기업법 I (공저), 회사법(공저), 지식재산권의이해(공저) 등이 있다.

홍진희

전남대학교 법과대학 및 동대학원 법학과(법학 석사/박사)를 졸업하였다. 법무부 법무자문위원회의 연구위원으로 근무했고, 대구가톨릭대학교, 충남대학교 등 여러 대학교에서 법학과목을 강의하였다. 현재는 충북대학교 창의융합교육본부, 한국교통대학교 교양학부, 한밭대학교 노마드칼리지에 소속되어 있으며, 생활과 법, 현대 범죄와 형벌 등 교양법학을 강의하고 있다. 지은 책으로는 SMART 법과 생활(공저)이 있다.

현대 범죄와 형벌

초판 1쇄 인쇄   2021년 8월 25일
초판 1쇄 발행   2021년 8월 30일

지은이   송호신 · 홍진희
펴낸이   임순재

펴낸곳   (주)한올출판사
등 록   제11-403호
주 소   서울시 마포구 모래내로 83(성산동 한올빌딩 3층)
전 화   (02) 376-4298(대표)
팩 스   (02) 302-8073
홈페이지   www.hanol.co.kr
e-메일   hanol@hanol.co.kr

ISBN   979-11-6647-130-8